JN293431

考えるデザイン

美術出版社

□ Contents

アートディレクションの跳躍　　西村嘉禮

中島祥文のデザインに初めて出会った時の強い感動を、今も忘れない。カーペットに残された小さな煙草の焦げ跡、バットに弾かれる瞬間の圧し潰され歪んだボールの映像。一切の余分な枝葉末節を払い取った、太い幹のような写真がそこにあった。ここまで凝縮させると、ビジュアルは既に明快な言語である。事実が事実のまま定着されているだけであるのに、そのビジュアルのインパクトの強さが、そのまま問題提起のエネルギーになっている。確信を持って事実を決定的なイメージへと変貌させる意思と感性を、そこに感じた。ロジックはその瞬間マジックに変容していたのである。

『ADC大学：アートディレクションの可能性』の中で中島はこう述べている。「アートディレクターの役割は、社会環境や企業などが抱える問題を分析し、本質とは何だろうと問いかけ、解決への道をコンセプトとして指し示すことから始まっている。その解決への道にはビジュアルによる思考がベースにある」。

「ビジュアルによる思考」とは何であろうか。人は通常、言葉によって「考える」。言葉によって論理を構築し、論理を積み上げることによって結論にたどり着く。ひらめきを得るにしても、その過程の中で起きる化学変化の域を出ない。しかしアートディレクターの提示するコンセプトは、単なる論理を軽々と超越し、象徴としてのアイコンや造形を直截に明示することによって、核心を一気に鷲掴みにするものである。そのことをいち早く最も明快に体現していたのが、先ほどの中島のウールマークの仕事だったのではあるまいか。

アートディレクターの領域が現在ほど多面的に花咲いた時代はない。それは今という時代が、言葉では律しきれない感覚領域で自己増殖し続けているからに他ならない。アートディレクションとは、これまでにないものへの挑戦である。あえて一言で言わせてもらえば、「伝統への反逆」である。単に理知や感覚だけでは生み出せぬものだ。身のうちに複眼的な創造力と不死身の跳躍力を内包しつづけねばならない。

ところで中島には、理知の人という印象が一般的にはあるようだ。確かに彼が、左脳と右脳のバランスがとれた稀なるクリエイターであることは間違いない。計画の全体を瞬時に把握し、メッセージのコアを掘り起こす炯眼。他スタッフとの共同作業を巧みに処理する柔軟性。いずれにおいても余人の追随を許さない覚醒したバランス感覚がそこにはある。

しかし、彼のアートディレクションの根底にあるものは、見たものに対する発見と感動というまことに個人的な体験である。与えられた課題に予め枠組みを与えるのではなく、常に中島個人の肌で感じ取った疑問から出発するのだ。そしてその「感動と発見」から、コミュニケーションの弓をたわめ、矢を放つ。それは、強い信念を伴って全体性へ、社会性へと広がってゆく。だからこそ、彼の手がけた仕事はどれも、時代の軸を外すことなく、大きく膨らんだ生活提案となっているのだ。

略号

AD	Art Director
CD	Creative Director
C	Copywriter
D	Designer
P	Photographer
CA	Cameraman
PL	Planner
FD	Film Director
CPR	Creative Producer
I	Illustrator
A	Artist
PR	Producer
AG	Agency
PRD	Production
ADV	Advertiser

考えるデザイン　中島祥文・24のデザイン発想

Woolmark（カーペット）
デザイン発想1 クオリティの啓蒙

ウールカーペットの機能表現

生活の質への提言

新価値観の提唱

広告は、隣にいる人への会話や手紙のようなものではないかとずっと感じていた。もちろん人々の目や心をキャッチする工夫や仕掛けも大事だが、それも、思いをよりよく伝えるための一つの手法に他ならない。「ウール」の仕事に出会ったことでその考えはより明確になった。

それまで、肌触りが良いとか暖かいとか、高価なものというイメージしかなかったウールだが、調べていくと、機能面で優れた所がたくさんあることを知った。それは新しい発見であり驚きでもあった。調査資料を見る限り、一般の人にウールの機能はほとんど知られていない。そこで、自分たちが体験したこの発見や驚きを知らせることが大切だと思った。そしてそれがこの広告シリーズのコンセプトになった。

これらは、CD/Cの中塚大輔との共同作業。われわれは、時代に対する考え方や生活への価値観をとことん話し合った。そして、「商品をみわける目をもちましょう。」というストレートで時代に警鐘を鳴らす言葉が生まれ、キャンペーンの基盤となった。

コピーとデザインの関係について言えば、どちらかが上に立ってディレクションするより、お互いが持てる力を出し切ることで、さらに表現の密度を高められると信じていた。二人の間に上下関係をつくらないことが、お互いのモチベーションを上げる、最良の方法ではないかという考え方は、今も変わらない。

灼熱の太陽から、アラビアのロレンスを救ったもの。
英国の探険家であり考古学者であったT.E.ロレンスは、その著書のなかでつぎのように述べています。「焼けた砂漠から私の命を救ったのは、1枚のウールのマントであった」と。この証言はウールがどんなに熱をさえぎる力をもっているかを雄弁に物語るもの。
カーペットの場合、こうしたウールの性質は、室内の温度を外へ逃がさない、という働きにかわります。だから、太陽が照りつける真夏でも、冷房を施した部屋にウールカーペットを敷けば、冷房のきき目を一層たかめることができるのです。このちょっと見落されがちな特長の秘密は、ウールの繊維の間にはきわめて多量の空気がふくまれていること。実に全容積の60パーセントにものぼる空気が熱をたち切る壁となって働いているのです。新毛100パーセントのウールマーク・カーペット。日本の夏を、さわやかに。
商品をみわける目をもちましょう。
ウールマーク・カーペット
国際羊毛事務局 東京都港区赤坂局区内
ALL NEW WOOL
パンフレット進呈。カーペットについて詳しく知りたい方へ。年令・職業をご記入のうえ国際羊毛事務局宣伝部F係まで。

1.

ウールカーペットは、騒音を吸収します。
しんしんと降りつもる雪のように。
雪の降る夜、あたりがシーンと静まり返る。これは降りつもった雪が、周囲の音を吸収してしまうから。雪の結晶と結晶のあいだには、細かいすき間が無数にあり、そのすき間に音が吸いこまれていくのです。ウールカーペットがすぐれた吸音性を発揮するのも、
これとおなじ原理。ふつう多孔質のものは音をよく吸収する性質をもっています。ウールの繊維を観察すると、1本1本の繊維にクリンプと呼ばれる自然のねじれがあり、そのねじれがたがいにからみあって複雑な繊維の層をつくっていることがわかります。
しかも音を吸いとる際には、「キーン」という高い音をいちばん多く吸収するので、耳ざわりな感じが消えるとともに、部屋中の音響がまろやかになります。新毛100%のウールマーク・カーペット。365日、騒音の中で暮らす、わたしたち現代人の生活をまもります。
商品をみわける目を
もちましょう。
ウールマーク・カーペット
国際羊毛事務局 東京都港区赤坂局区内
ALL NEW WOOL
先着1,000名様にダイヤモンド社刊「ウールの話」を進呈
葉書に年令・職業をご記入のうえ国際羊毛事務局宣伝部A係まで。

2.

□ 1. 灼熱の砂漠で生活する人のマントには、実はウールが使われていた。そこで、映画『アラビアのロレンス』のイメージで表現し、ウールカーペットの部屋が熱を遮り、冷房の効きが良いことを伝えている。

□ 2. は雪の降り積もった夜が静かなのは、雪の表面が無数の空気の部屋になっているため、騒音を吸収し静かだという原理と、ウールカーペットの部屋が静かなことが同じだと伝えている。スケッチでは想像上の夜の雪景色を描いたが、思うような景色がなかった。日本家屋や雪の表面の写真から5枚選び、それらを合成し紙焼きの技術で夜の印象を強め、イメージに近い雪景色をつくった。写真のディテールは、90度の網点による特殊な新聞製版で再現した。(次ページ参照)

タバコが落ちました。大火をふせぎました。
ウールカーペットです。
「真に火災をへらす、ただひとつの道は、すべての家庭オフィス、乗り物などのインテリアに燃えない繊維をもちいることであろう」。アメリカ合衆国議会で、ある上院議員はこのようにのべています。その点ウールは火につよい繊維。ほのおにかざしても、先端に小さな黒いコブを生じて、火は消えてしまいます。これは動物性繊維ならではの技。しかも繊維と繊維の間に多量の空気をふくんでいるので、熱を伝えにくいというわけです。今日、ウールの難燃性は、世界中の科学者の認めるところ。たとえば、ジャンボジェットの機内インテリアにもウール製品が採用されています。もしあなたが、かけがえのない命をおあずかりでしたらカーペットをお選びください。新毛100パーセントのウールマーク・カーペットは、豪華さ、ぜいたくさのかげに、数多くのすぐれた特長をそなえています。
商品をみわける目をもちましょう。
ウールマーク・カーペット
国際羊毛事務局 東京都港区赤坂局区内
ALL NEW WOOL
先着1,000名様にダイヤモンド社刊「ウールの話」を進呈 葉書に年令・職業をご記入のうえ国際羊毛事務局宣伝部A係まで。

3.

□ 3. ウールは、人間の髪の毛と同じ動物性繊維である。たとえ火がついてもこぶになって消えてしまう。そこからウールカーペットが燃えにくいことを訴求している。

□ 4. は、硬式ボールの表面の皮の下に巻かれた糸は、ウールの糸だと知って驚いたことがテーマとなった。それほどウールは、弾力性や耐久力に優れている。スケッチでは楕円状のボールを描いた。しかし撮影してみると、一度も楕円にはならなかった。ボールがバットに食い込んでいるこの写真は、一発写真である。撮影時点まで発見は続くという一例だ。

□ 3. 4. のPは石川賢治。機能を的確に伝えることでインパクトのあるビジュアルが生まれた。

ホームランが証明してくれます。ウールカーペットの弾力性。

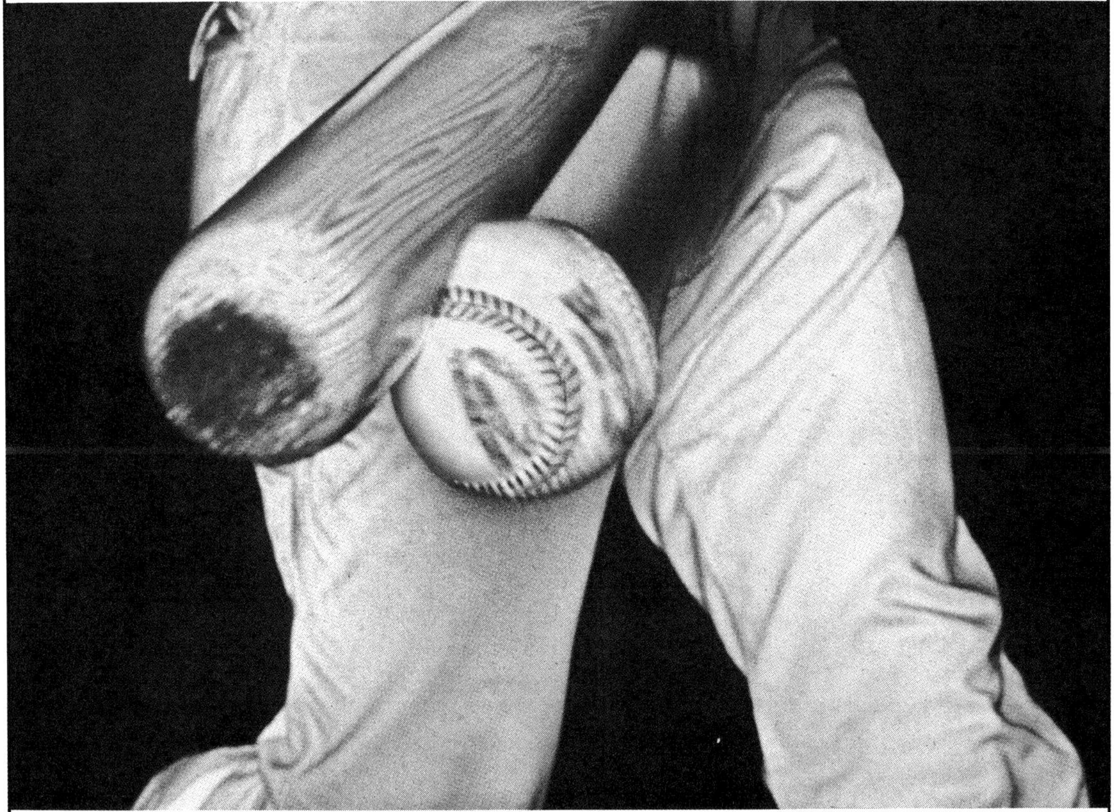

ご存知でしょうか。野球の硬式ボールをほぐしていくと、コルクの芯にウールの毛糸がかたく巻きつけられているのを。これは、ウールの弾力性のよさを物語るひとつの例。平均250kgという強烈なインパクトにたえ、一瞬のあいだに、ヒズミを回復します。ウールカーペットの踏み心地がいいのも、まったく同じ理由。重役室やホテルのロビーに一歩足を踏み入れたときのふんわりとしてコシがある、あの独特の感触は、ウールならではのものです。このような弾力のよさは、ウールの繊維に天然のねじれがあるから。そのねじれが、ちょうどコイルスプリングの働きをしています。他のカーペットの場合、かたくザラついた感じがしたり、やわらかくても、コシがなかったりするのです。新毛100%のウールマークカーペット。どこか、大きな違いをそなえています。

商品をみわける目をもちましょう。
ウールマーク・カーペット
国際羊毛事務局 東京都港区赤坂局区内

ALL NEW WOOL

先着1,000名様にダイヤモンド社刊「ウールの話」を進呈 葉書に年令・職業をご記入のうえ国際羊毛事務局宣伝部A係まで。

4.

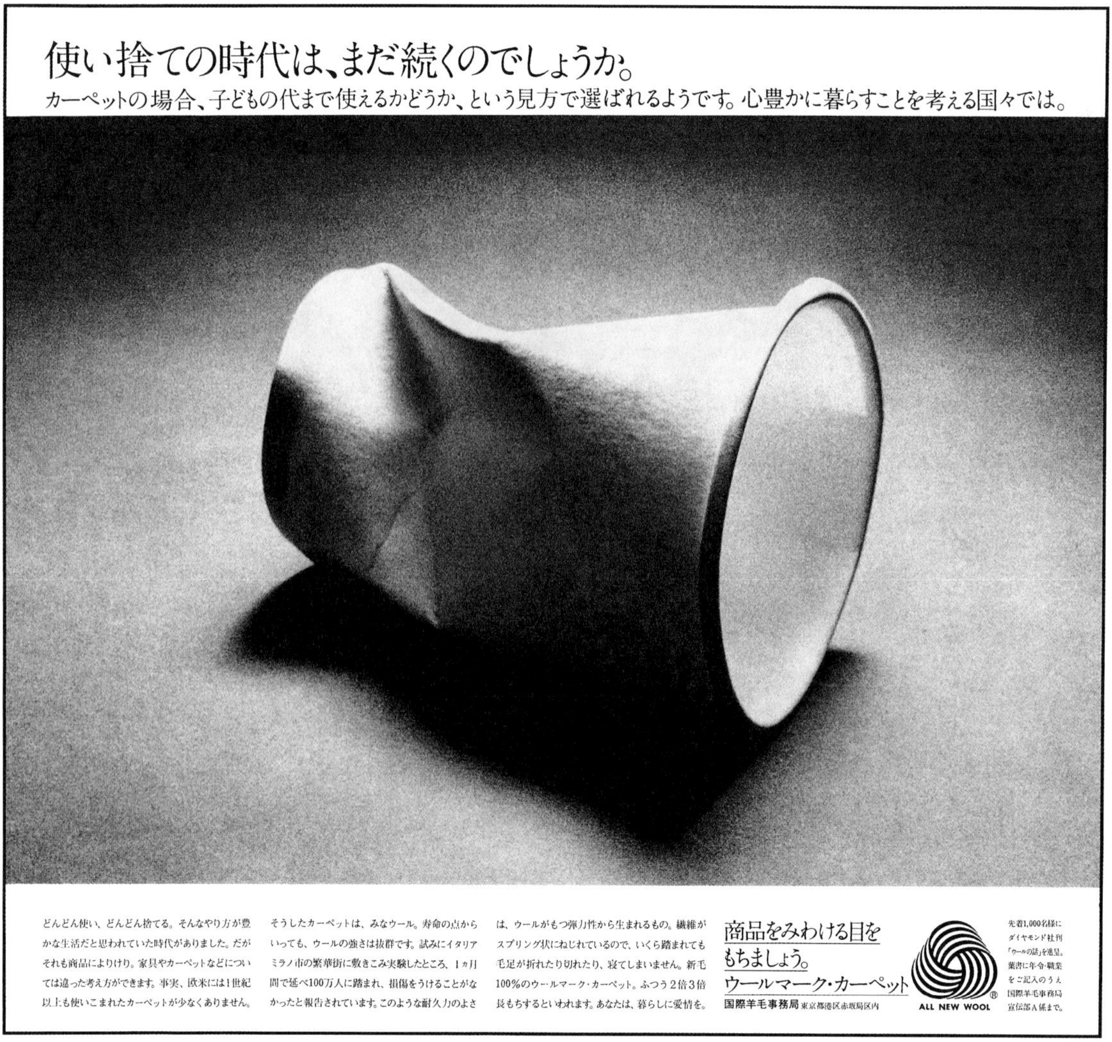
使い捨ての時代は、まだ続くのでしょうか。
カーペットの場合、子どもの代まで使えるかどうか、という見方で選ばれるようです。心豊かに暮らすことを考える国々では。
どんどん使い、どんどん捨てる。そんなやり方が豊かな生活だと思われていた時代がありました。だがそれも商品によりけり。家具やカーペットなどについては違った考え方ができます。事実、欧米には1世紀以上も使いこまれたカーペットが少なくありません。
そうしたカーペットは、みなウール。寿命の点からいっても、ウールの強さは抜群です。試みにイタリアミラノ市の繁華街に敷きこみ実験したところ、1ヵ月間で延べ100万人に踏まれ、損傷をうけることがなかったと報告されています。このような耐久力のよさは、ウールがもつ弾力性から生まれるもの。繊維がスプリング状にねじれているので、いくら踏まれても毛足が折れたり切れたり、寝てしまいません。新毛100%のウールマーク・カーペット。ふつう2倍3倍長もちするといわれます。あなたは、暮らしに愛情を。
商品をみわける目を
もちましょう。
ウールマーク・カーペット
国際羊毛事務局 東京都港区赤坂局区内
ALL NEW WOOL
先着1,000名様にダイヤモンド社刊「ウールの話」を進呈。葉書に年令・職業をご記入のうえ国際羊毛事務局宣伝部A係まで。

5.

□ 5. 商品は常に生活の中にあり、社会との関係なしでは語れない。当時、物の豊かさの一方で物が溢れ、使い捨てがトレンドになりはじめていた。ウールカーペットが欧米では100年200年と使われることから、逆の発言をして警鐘とした。
□ 6. ウールカーペットが燃えにくいことから、動けない人のまわりには、衣服やカーテン、玩具などと同じように、カーペットひとつだって、燃えにくいものを選ぶ義務があるのでは、と訴えている。この時、広告が商品の情報だけでなく、それを通して社会への発言ができることに、大きな価値を感じた。このことはその後の私の仕事に影響を与えた。
□ 5. P八十島建夫、スタティックな写真がリアリティを感じさせた。2. 6. P横井滋治、機能表現を情緒表現に変えた。

ウールカーペットをもっとも必要とする人たち。

身のまわりに、燃えにくいものを選ぶ義務が、私たちにはある。

この広い地球から火災をなくすにはどうしたらよいか。ジャンボジェット機が、ひとつのすぐれた解答をしめしています。すなわち、機内には燃えにくい繊維を用いること。カーテン、カーペット、毛布から搭乗員の制服にいたるまで、すべてにウールが使用されています。これは、ウールの燃えにくさの証明。万一の際、ウールカーペットなら燃えはじめるまでの時間が一番長く、他のカーペットにくらべて大きく燃えひろがることもありません。それは、動物性蛋白質からできたウールならではの技。しかも、繊維と繊維のあいだにきわめて多量の空気をふくんでいるので、熱をつたえにくいのです。新毛100パーセントのウールマーク・カーペット。もしあなたが、かけがえのない命をおあずかりなら、カーペットをお選びください。

国際羊毛事務局 東京都港区赤坂局区内

商品をみわける目をもちましょう。
ウールマーク・カーペット

ALL NEW WOOL ®

6.

Woolmark（企業）
デザイン発想2 情感を大切にしたクオリティ広告

ウール機能の再発見 ＋ 愛着の概念 ＝ 信頼感の醸成

ウール繊維そのものの好感度アップを目標にして新たに始まったこのウールキャンペーンにとって最も重要なことは、ウール繊維の機能効用もさることながら、「ウールと人との関係の最も根本にある何か」を探り出すことだったと言っていい。たとえば赤ちゃんが一枚の毛布を夜も昼も肌身離さず持っているのはなぜか。単に暖かいからなのか、ウール繊維の柔らかさ故か。そこには理屈を超えた「何か」があるのではないか…。

その未知の領域にある「何か」を表現するために私たちがしたことは、文献による知識の集積はもちろん、まず多くの人に会って様々な話を聞くことだった。町の毛糸屋さん、銀座の一流テーラー、有名デザイナー、伝説の400勝投手…。まさに足でつくったキャンペーンだった。こうして「ウールは、愛着にこたえてくれます。」というスローガンが生まれ、幾つもの多彩なアプローチが生まれた。

CD/Cは西村佳也（嘉禮）。当時サントリーウイスキーホワイトなどで際立った仕事をしていた。私は特にボディコピーの説得力に注目していた。リアリティのある話し方から入ることが多く、読む人の共感を呼ぶトーンだった。ちょうど彼がサン・アドを辞め、フリーになったところだったので、私は在籍していたJ.W.トンプソンに交渉して彼専用の机を置いてもらい、いつでも話ができる場をつくった。広告主からの情報もすべて同じ時点で共有し、共同作業の態勢を整えた。

ウールの
15分間
入浴法。

□ われわれは多くの取材から様々なアプローチを見つけていった。高田賢三さんをはじめ、銀座の壱番館の裁断師の方、六本木の毛糸屋さんのご主人など、ウールとかかわりの深い人たちに取材した。広告を机上だけでなく、足でつくることで表現の質を深めるという実体験だ。

□ 7. ウールは吸湿性に優れているので、湯気をあてるとシワが戻る。当時、軽いシワになりにくいということで、ビジネススーツの主流の座を合成繊維に奪われかけていたが、こうしてホテルでお風呂の湯気を利用してシワを伸ばせば、出張も苦にならないということを表現した。

□ 7. 12. 13. 14. 15. のPは鳥居正夫。常に狙ったスケッチに写真の息吹を与え、このシリーズの骨格を形成した。

出張先へはスーツを2着用意して。これは理想ですけれど、荷物はできるだけ少くしたいし、なかなかできそうでできないことですね。ふだんはいたわりながら着ていたスーツも連日酷使する羽目になる。シワになりにくい、型くずれしにくいという点では定評のあるウールといえど、多少くたびれるのはやむを得ないところでしょう。しかしウールは疲労回復が早いことも事実。特にお風呂が効きます。

一風呂浴びると疲れがとれる。まるで人間みたいですが。お風呂といっても湯につかるわけではなく、湯舟の上あたりにぶら下げて約15分。蒸気をたっぷり吸わせるわけです。あとは風通しのよいところで乾かしてください。アイロンをかけたように、ピシッと元のシャープさがよみがえります。

ところでそろそろ衣替えの季節ですが、長い間しまい込んでいた衣類のたたみジワ、あれもなかなかやっかいなもの。でもこの入浴法を知っていればワケありません。

こんな芸当は、すぐれた吸湿性をもつウールだからこそできることです。ウールを顕微鏡でみると、表面は屋根瓦をふいたようなウロコ状をしています。この独特の表皮が、外気湿度に合わせて湿気を吸ったり吐いたりという、不思議な働きをするのです。ウールが「第2の皮膚」と呼ばれ、赤ちゃんの肌着に最適とされているのもこのためです。

ウールはデリケートな繊維です。実はたぐい稀な弾力性をもつタフな繊維でありながら、それでいてたいへん繊細な繊維でもあります。つまり着る人の心づかいが、いたわりが、そのまま反映するようなデリカシーをもっている。例えば毎日まめにブラシをかけるとか、帰宅したら必ずポケットのものは出しておくとか……こんなちょっとした心づかいが、ウールの風合いや着心地をいつまでも長もちさせます。ウールは生きています。だからこそ、あなたのやさしさが必要です。

国際羊毛事務局　〒107　東京都港区赤坂局区内

ウールは、愛着にこたえてくれます。

ウールマークは、世界130カ国で認められている、ウールの身分証明書。国際羊毛事務局の厳しい検査に合格した新毛100%のすぐれた商品にだけ表示されます。

ALL NEW WOOL

さくさくさく、ぱちん。
「ほら、いいウールだと鋏の音も違うんですよ」
ある洋服づくりの名人が教えてくれました。サクサクサクとちょうどよく切れるカマで稲を刈り取るような、歯切れがよくて軽い音。決してジョキジョキなんていわないのだそうです。これは布地が、キレイに垂直に切れている証拠なのです。思うにこれは、ウールのすぐれた弾力性がなせるワザ。鋏の力をやわらかく受けとめ、切れるとスパッとはじけるけれど、常に鋏との間にスキマができない…かのベテラン裁断師の言葉を借りれば、「いい生地は吸いついてくる」のです。だからこそ鋏が、流れるように動くのだ、と彼は言います。「まるでダンスのうまいカップルみたいなものさ」
どんなに上等のウールといえども、切らなければただのキレにすぎません。裁断して、服に仕立てて、はじめてウールに生命が吹き込まれるのです。だから裁断は、神聖な儀式。
「鋏を入れた瞬間、ツィードならツィードの、ウーステッドならウーステッドの、独特のハリ、コシ、風合いが、微妙な手応えとなって伝わってくる。いい服地はね、言葉をもってますよ。ええ、口をきくんです。本当にね」
手にとるとプロの鋏は大きくて重い。厚いオーバーコート地などは、この重みで切ってゆくのだそうですが、それはまたプロのプライドの重み、服への愛着の重みでもあります。
国際羊毛事務局　〒107　東京都港区赤坂局区内
ウールは、愛着にこたえてくれます。
ウールマークは、世界130カ国で認められている、ウールの身分証明書。国際羊毛事務局の厳しい検査に合格した新毛100%のすぐれた商品にだけ表示されます。
ALL NEW WOOL

8.

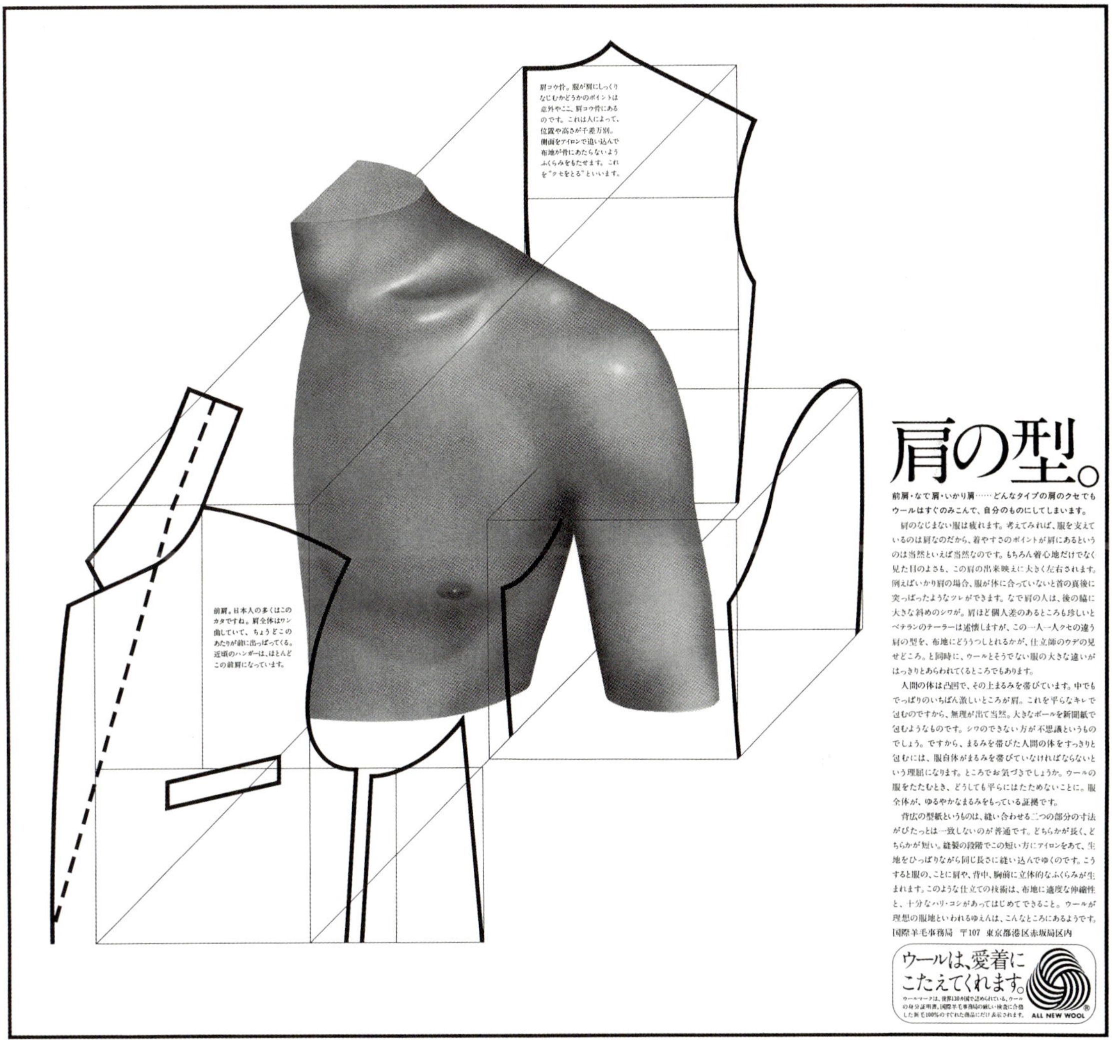
肩コウ骨。服が肩にしっくりなじむかどうかのポイントは意外やここ、肩コウ骨にあるのです。これは人によって、位置や高さが千差万別。側面をアイロンで追い込んで布地が骨にあたらないようふくらみをもたせます。これを"クセをとる"といいます。
前肩。日本人の多くはこのカタですね。肩全体はワン曲していて、ちょうどこのあたりが前に出っぱってくる。近頃のハンガーは、ほとんどこの前肩になっています。
肩の型。
前肩・なで肩・いかり肩……どんなタイプの肩のクセでもウールはすぐのみこんで、自分のものにしてしまいます。
肩のなじまない服は疲れます。考えてみれば、服を支えているのは肩なのだから、着やすさのポイントが肩にあるというのは当然といえば当然なのです。もちろん着心地だけでなく見た目のよさも、この肩の出来映えに大きく左右されます。例えばいかり肩の場合、服が体に合っていないと首の真後に突っぱったようなツレができます。なで肩の人は、後の脇に大きな斜めのシワが。肩ほど個人差のあるところも珍しいとベテランのテーラーは述懐しますが、この一人一人クセの違う肩の型を、布地にどううつしとれるかが、仕立師のウデの見せどころ。と同時に、ウールとそうでない服の大きな違いがはっきりとあらわれてくるところでもあります。
人間の体は凸凹で、その上まるみを帯びています。中でもでっぱりのいちばん激しいところが肩。これを平らなキレで包むのですから、無理が出て当然。大きなボールを新聞紙で包むようなものです。シワのできない方が不思議というものでしょう。ですから、まるみを帯びた人間の体をすっきりと包むには、服自体がまるみを帯びていなければならないという理屈になります。ところでお気づきでしょうか。ウールの服をたたむとき、どうしても平らにはたためないことに。服全体が、ゆるやかなまるみをもっている証拠です。
背広の型紙というものは、縫い合わせる二つの部分の寸法がぴたっとは一致しないのが普通です。どちらかが長く、どちらかが短い。縫製の段階でこの短い方にアイロンをあて、生地をひっぱりながら同じ長さに縫い込んでゆくのです。こうすると服の、ことに肩や、背中、胸前に立体的なふくらみが生まれます。このような仕立ての技術は、布地に適度な伸縮性と、十分なハリ・コシがあってはじめてできること。ウールが理想の服地といわれるゆえんは、こんなところにあるようです。
国際羊毛事務局 〒107 東京都港区赤坂局区内
ウールは、愛着にこたえてくれます。
ウールマークは、世界130カ国で認められている、ウールの身分証明書。国際羊毛事務局の厳しい検査に合格した新毛100%のすぐれた商品にだけ表示されます。
ALL NEW WOOL

9.

□ 8. はウールが弾力性に優れていることを物語る一例として、ウールは裁断の時のハサミの音が違い、縫製しやすいというテーラーの体験談を伝えている。銀座の壱番館で出会ったこのハサミと机は、道具にもまた愛着の物語があることを証明している。キャッチフレーズは、「さく」と「さく」の間に微妙な空きをつくり、音を感じさせようとした。

□ 8. P下山龍三、深夜、銀座のテーラーに4×5のカメラを持ち込み、その時の空気がドラマチックに投影された。

□ 9. ウールは立体裁断がしやすいので、ふっくらと人の体を包み込む。また、人の体型に合うように服が体に馴染んでいく。Iは角井功、グラフィカルなパターンと、人体のイラストレーションを組み合わせ、立体感のある解説的な表現をした。

さくさくさく、ぱちん。

□ 広告をはじめグラフィックデザインの文字組はデザインのコアだ。キャッチフレーズ、ボディコピー、スペックのコピー、そして住所や電話番号に至るまで、美しく組まれていることが前提となる。ここではウールの広告のキャッチフレーズへの考え方を示した。読みやすいことと、造形的にシンボル性を持つことを意図している。

□ また、「ウールは愛着にこたえてくれます。」のスローガン、それに関連する細かい文字組も同じ考えでデザインされている。特に最も小さな文字の組は精度が要求され、そのことが全体のデザインのレベルに決定的な影響を与えることもある。

＊ここに紹介した文字組の参考例は広告原稿を複写することで再現されている。

ウールの
15分間
入浴法。

ウールは、愛着に
こたえてくれます。

ウールマークは、世界130カ国で認められている、ウールの身分証明書。国際羊毛事務局の厳しい検査に合格した新毛100%のすぐれた商品にだけ表示されます。

ALL NEW WOOL

肩の型。

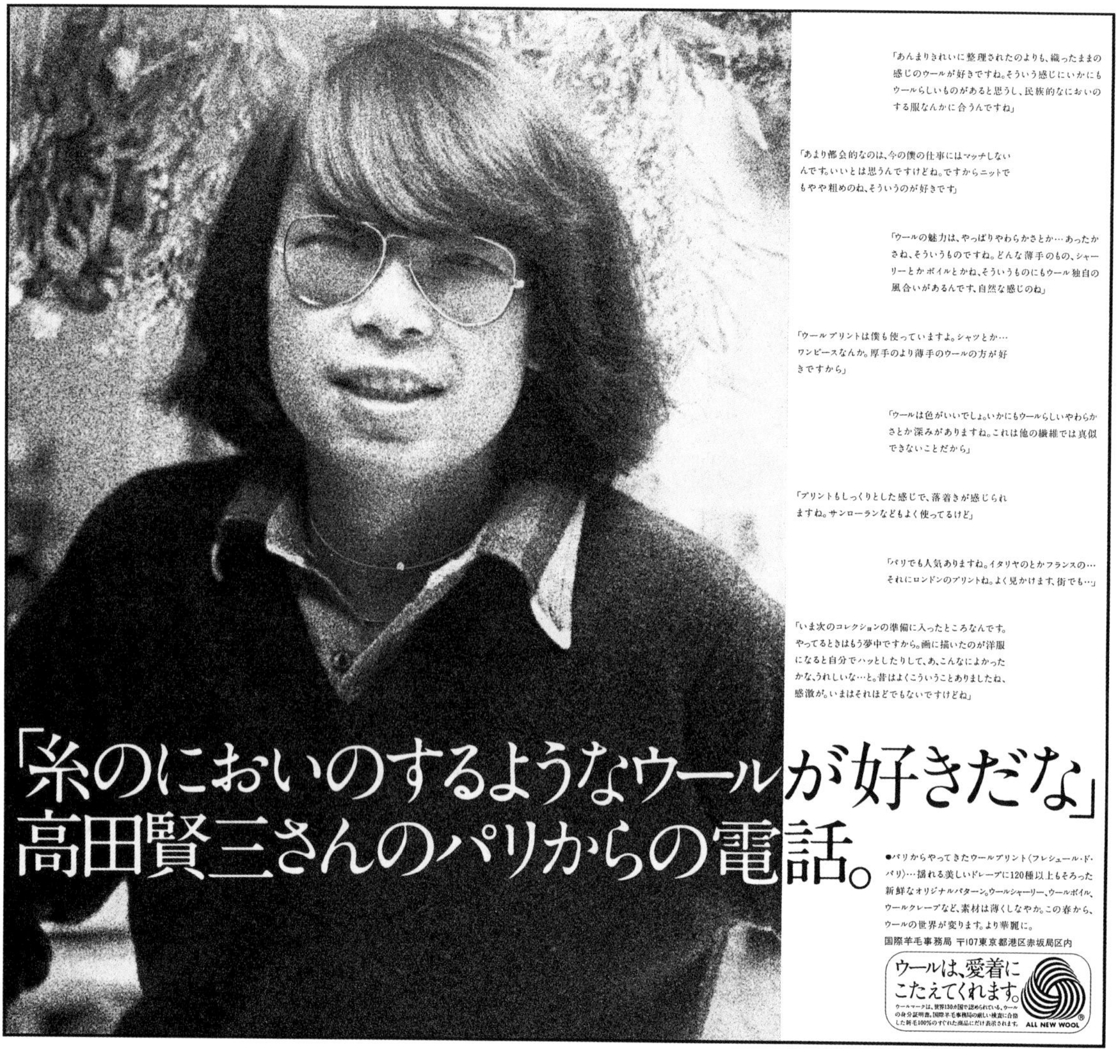
「あんまりきれいに整理されたのよりも、織ったままの感じのウールが好きですね。そういう感じにいかにもウールらしいものがあると思うし、民族的なにおいのする服なんかに合うんですね」
「あまり都会的なのは、今の僕の仕事にはマッチしないんです。いいとは思うんですけどね。ですからニットでもやや粗めのね、そういうのが好きです」
「ウールの魅力は、やっぱりやわらかさとか…あったかさね、そういうものですね。どんな薄手のもの、シャーリーとかボイルとかね、そういうものにもウール独自の風合いがあるんです、自然な感じのね」
「ウールプリントは僕も使っていますよ。シャツとか…ワンピースなんか。厚手のより薄手のウールの方が好きですから」
「ウールは色がいいでしょ。いかにもウールらしいやわらかさとか深みがありますね。これは他の繊維では真似できないことだから」
「プリントもしっくりとした感じで、落着きが感じられますね。サンローランなどもよく使ってるけど」
「パリでも人気ありますね。イタリヤのとかフランスの…それにロンドンのプリントね。よく見かけます、街でも…」
「いま次のコレクションの準備に入ったところなんです。やってるときはもう夢中ですから。画に描いたのが洋服になると自分でハッとしたりして、あ、こんなによかったかな、うれしいな…と。昔はよくこういうことありましたね、感激が。いまはそれほどでもないですけどね」
「糸のにおいのするようなウールが好きだな」
高田賢三さんのパリからの電話。
●パリからやってきたウールプリント〈フレシュール・ド・パリ〉…揺れる美しいドレープに120種以上もそろった新鮮なオリジナルパターン。ウールシャーリー、ウールボイル、ウールクレープなど、素材は薄くしなやか。この春から、ウールの世界が変ります。より華麗に。
国際羊毛事務局 〒107東京都港区赤坂局区内
ウールは、愛着にこたえてくれます。
ウールマークは、世界130カ国で認められている、ウールの身分証明書。国際羊毛事務局の厳しい検査に合格した新毛100%のすぐれた商品にだけ表示されます。
ALL NEW WOOL

10.

□ 10. ファッション繊維としてのウールと、デザイナーはどう向き合っているかを知りたくて、パリにいる高田賢三さんに西村と私は直接電話をかけた。「糸のにおい」の言葉が印象に残った。レイアウトは、新聞広告の文字組をどこか違う組み方ができれば、といつも意識していたので、電話取材の感じを出すため、文節を切ってデザインした。

□ 11. は、むっつり右門捕物帳や鞍馬天狗で有名な俳優、嵐寛十郎さんにあらかじめウールの布団を使っていただき、その体験談のインタビューをコピーにまとめた。布団といえば綿の時代だったので、その寝心地にとても喜んでいただいた。

□ 11. P 坂田栄一郎、映画『むっつり右門』を彷彿とさせる力感のあるポートレートとなった。

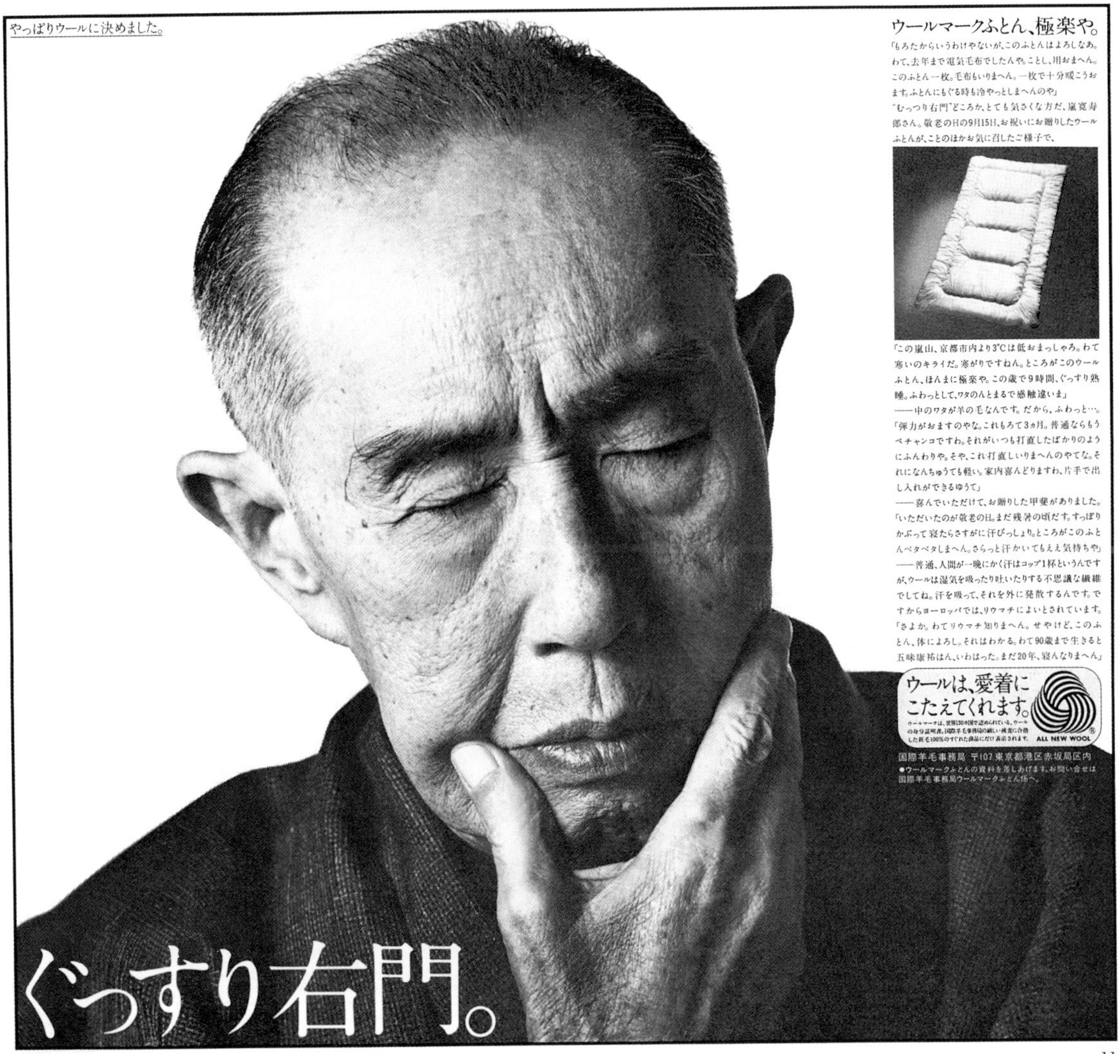
やっぱりウールに決めました。
ウールマークふとん、極楽や。
「もろたからいうわけやないが、このふとんはよろしなあ。わて、去年まで電気毛布でしたんや。ことし、用おまへん。このふとん一枚。毛布もいりまへん。一枚で十分暖こうおます。ふとんにもぐる時も冷やっとしまへんのや」
"むっつり右門"どころか、とても気さくな方だ、嵐寛寿郎さん。敬老の日の9月15日、お祝いにお贈りしたウールふとんが、ことのほかお気に召したご様子で、
「この嵐山、京都市内より3°Cは低おまっしゃろ。わて寒いのキライだ。寒がりですねん。ところがこのウールふとん、ほんまに極楽や。この歳で9時間、ぐっすり熟睡。ふわっとして、ワタのんとまるで感触違いま」
――中のワタが羊の毛なんです。だから、ふわっと…。
「弾力がおますのやな。これもろて3ヵ月。普通ならもうペチャンコですわ。それがいつも打直したばかりのようにふんわりや。そや、これ打直しいりまへんのやてな。それになんちゅうても軽い。家内喜んどりますわ、片手で出し入れができるゆうて」
――喜んでいただけて、お贈りした甲斐がありました。
「いただいたのが敬老の日。まだ残暑の頃だす。すっぽりかぶって寝たらさすがに汗びっしょり。ところがこのふとんベタベタしまへん。さらっと汗かいてもええ気持ちや」
――普通、人間が一晩にかく汗はコップ1杯というんですが、ウールは湿気を吸ったり吐いたりする不思議な繊維でしてね。汗を吸って、それを外に発散するんです。ですからヨーロッパでは、リウマチによいとされています。
「さよか。わてリウマチ知りまへん。せやけど、このふとん、体によろし。それはわかる。わて90歳まで生きると五味康祐はん、いわはった。まだ20年、寝んなりまへん」
ウールは、愛着にこたえてくれます。
ウールマークは、世界130か国で認められている、ウールの身分証明書。国際羊毛事務局の厳しい検査に合格した新毛100%のすぐれた製品にだけ表示されます。
ALL NEW WOOL
国際羊毛事務局 〒107東京都港区赤坂局区内
●ウールマークふとんの資料を差しあげます。お問い合せは国際羊毛事務局ウールマークふとん係へ。
ぐっすり右門。

11.

毛布っ子。
外国の人気漫画に、どこへ行くにもいつも手にしっかりと毛布を握ってる、ヘンな男の子を主人公にした漫画があるけれど、最近ふとこの漫画の主人公クンが、私たちの周囲にも結構いるということに気づいたのです。毛布っ子、とでもいうのでしょうか。指なんかしゃぶりながらしきりと頬ずりしたりしていて、それがまた何ともいえず可愛い。
こういう子供のことを、英語ではこんなふうにいうのだそうです。—He is in love with his blanket.「毛布に恋してる」。紀元前の昔からウールに親しみ、ウールにつつまれて豊かさを育んできた欧米の人々の生活の歴史が、こんなやさしさに満ちた言葉を、こんなにさりげなくいわせてしまうのでしょうか。
1枚のウールの毛布。そのあたたかさ、弾力性、自然でやわらかな肌ざわり、豊かな質感。ここには自然繊維だけがもつやさしさが、心のよりどころのようなものがあります。ウールの毛布にすっぽりとくるまった時のあの安心感。そして安らかな眠りに落ちてゆく寸前の、あのぬくぬくとした幸福な感情。考えてみれば人生の⅓は眠っているのです。毛布と共に暮しているのです。つまり私たちもまた、まぎれもない「毛布っ子」の一人ということになるのでしょう。
国際羊毛事務局 〒107 東京都港区赤坂局区内
ウールは、愛着にこたえてくれます。
ALL NEW WOOL

12.

□ 12.「ウールは、愛着にこたえてくれます。」のスローガンの元になった、「毛布っ子」の存在を一本の広告として掘り下げた。

□ 13.は、セーターを洗うとき、まず最初に元のサイズを測り、干すときに同じサイズにすることでセーターが縮まないことを訴求している。

セーターを洗うとき、メジャーを用意しましょう。
ウールを洗うときは、もんだりこすったりしてはいけないとよくいわれますが、奥さま方もその辺はよく心得ていてお洗濯するときはそれ相応に細かく気を配ってくださる。ところが、さて干す段になると、これが案外皆さん無頓着なんですね。せっかくていねいに洗い上げたのに、そのまま吊るして干したため水の重みで袖が伸びてダブダブとか、ハンガーのあとがポッコリなんてことがよく起こるらしい。ウールを干すときは、必ず平らなところ、できればスノコとかスダレの上に、元の型にちゃんと整えてから干してほしいものです。その際に洗う前の元の寸法がわかっていれば袖を通してから、あれれ、なんてことにはならないわけで、「メジャーを用意しましょう」と申し上げる理由もここにあります。予め肩巾や袖丈などを計ってあれば、これはもう百点満点。ぴったりフィットした快適な着心地を望むなら、これ位のテマを惜しんではいけませんね。
というと、ウールの洗濯って何だかとっても手がかかるみたい、と思われそうですが、実際はそれほどでもない。縮みやすいというやっかいな性質も最近ではずい分改良されていて、例えば現在ウールマークのついているセーターはほとんどが防縮ウール（念のため買うときにラベルを確かめてほしいのですが）。これならお洗濯もかなり気楽です。
では、以下ちょっとしたウール洗いのポイントを拾ってみましょうか。まずセーターは裏返しに。ケバ立ちを避けるためです。お湯は30℃位のぬるま湯。洗濯機の場合は必ずアミ袋に入れて洗いましょう。手で洗うときはやさしく押し洗いまたは振り洗い。すすぎもぬるま湯で2〜3回。最後に5〜6滴酢を加えると仕上りがきれいです。もちろん市販の柔軟仕上剤でも結構ですが。しぼりは脱水機で約1分。細長くたたんで、脱水槽にはりつけるように入れるとシワになりません。脱水機より安全な方法はタオルの巻きしぼり。バスタオルの上にセーターをひろげ、タオルごとしっかり巻いて手で押さえます。干すときの注意は先にも述べた通り。風通しのよいところで陰干しします。直射日光で乾かす場合は薄手の白い布をかぶせておきましょう。こんなちょっとした心づかいが、ウールにはジンとひびくようですよ。
国際羊毛事務局 〒107 東京都港区赤坂局区内
ウールは、愛着にこたえてくれます。
ウールマークは、世界130カ国で認められている、ウールの身分証明書。国際羊毛事務局の厳しい検査に合格した新毛100%のすぐれた商品にだけ表示されます。
ALL NEW WOOL

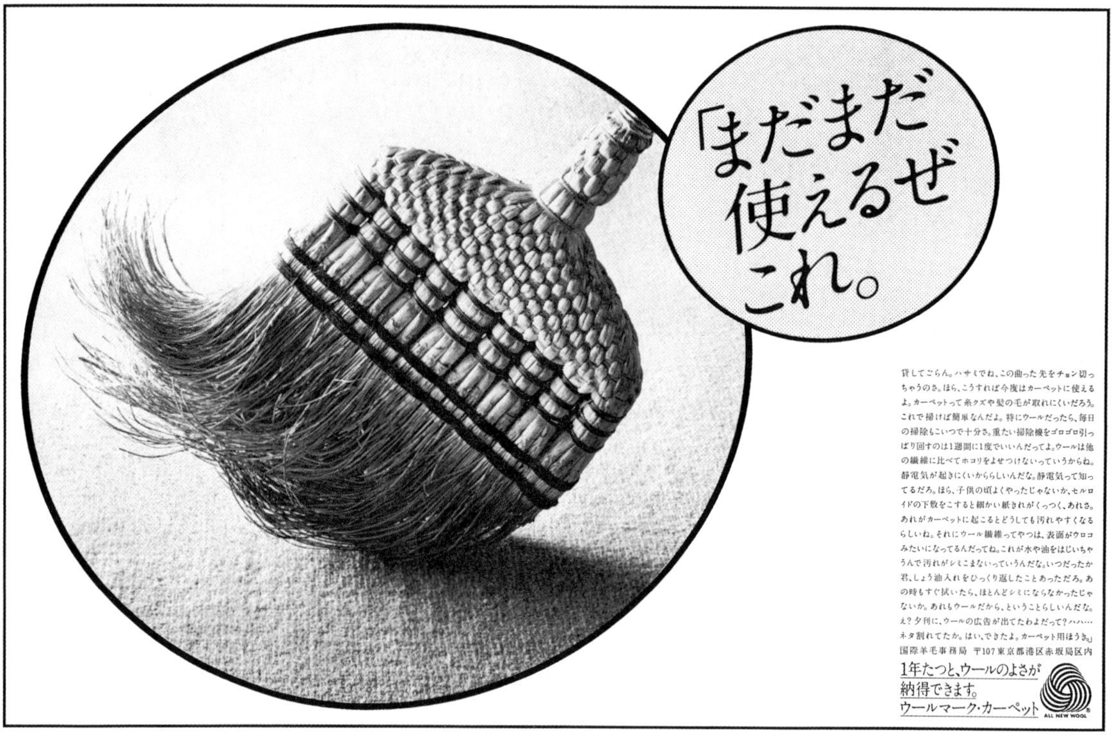
「まだまだ使えるぜこれ。
貸してごらん。ハサミでね、この曲った先をチョン切っちゃうのさ。ほら、こうすれば今度はカーペットに使えるよ。カーペットって糸クズや髪の毛が取れにくいだろう。これで掃けば簡単なんだよ。特にウールだったら、毎日の掃除もこいつで十分さ。重たい掃除機をゴロゴロ引っぱり回すのは1週間に1度でいいんだってよ。ウールは他の繊維に比べてホコリをよせつけないっていうからね。静電気が起きにくいかららしいんだな。静電気って知ってるだろ。ほら、子供の頃よくやったじゃないか、セルロイドの下敷をこすると細かい紙きれがくっつく、あれさ。あれがカーペットに起こるとどうしても汚れやすくなるらしいね。それにウール繊維ってやつは、表面がウロコみたいになってるんだってね。これが水や油をはじいちゃうんで汚れがシミこまないっていうんだな。いつだったか君、しょう油入れをひっくり返したことあっただろ。あの時もすぐ拭いたら、ほとんどシミにならなかったじゃないか。あれもウールだから、ということらしいんだな。え?夕刊に、ウールの広告が出てたわよだって?ハハ…ネタ割れてたか。はい、できたよ。カーペット用ほうき。」
国際羊毛事務局　〒107東京都港区赤坂局区内
1年たつと、ウールのよさが
納得できます。
ウールマーク・カーペット
ALL NEW WOOL

14.

□ 愛着のキャンペーンと並行して、ウールカーペットの広告も同時に展開された。スローガンは「1年たつと、ウールのよさが納得できます」。ウールカーペットをケアしながら、気持ちのいい生活をしていくための様々な情報をお知らせした。レイアウトは、シリーズとしてのデザインフォーマットを守りながら、一本一本が特徴のある顔を持てるようにした。

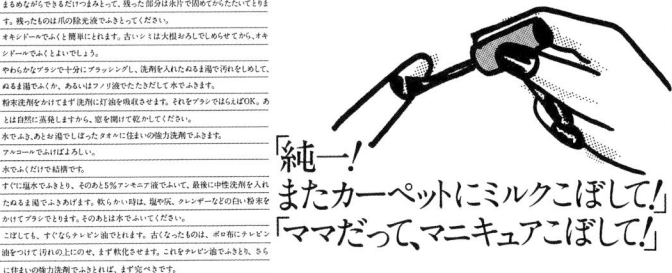

カーペットの道。

人間、歩くところはだいたい決まっているらしく、いつのまにかカーペットにも道が。でもウール・カーペットなら見つけるのにかなり苦労するはずですが。

もしその道が、毛足が寝てしまってペッタンコだったらそのカーペットはウールではないと考えて間違いないでしょう。ウールには、踏みつける力をやわらかくハネ返す、並みはずれた弾力性があります。ウール繊維をよく見ると、1本1本ちょうどコイルスプリング状にねじれているのがわかります。つまり繊維自体が、いわば天然のバネ。しかもこのバネは、何万回踏みつけられても、またシャンと背を伸ばします。このすぐれたウールの回復力は、繊維の圧縮弾性率テストなどという舌を噛みそうな名の数々の実験で実証されていること。が、カーペットの本場ヨーロッパの人々は、体験によってそのことを、百も承知しています。彼らは言います。「すり切れるまで使っても、なお踏み心地が変らない、それがカーペットというものだ」と。事実、1世紀以上も使いこまれたカーペットなんて、あちらでは少しも珍しくないのです。新毛100%のウールマーク・カーペット。使うほど味が出てきます。

国際羊毛事務局　〒107 東京都港区赤坂局区内

1年たつと、ウールのよさが納得できます。

ウールマーク・カーペット

ALL NEW WOOL

15.

キリトリ線

ア	あめ・キャンデー類	洗剤を溶かしたお湯でタオルをしぼり、ていねいにふきとります。もしアトが残っていたら、アルコールで軽くふきます。
	アイスクリーム	ティッシュペーパーでふき、その後洗剤を入れたぬるま湯でふきあげます。
	油絵具	テレビン油でやわらかにして、白紙の上からアイロンをかけ、アルコールでふきます。
イ	インキ(青・黒)	吸取紙でできるだけ吸いとった後、酢でしめしたスポンジで軽くこすりとります。あるいは過マンガン酸カリ0.5%液をつけて3%の蓚酸でふき、最後に水ぶきします。
	インキ(赤)	吸取紙でできるだけ吸いとってから、洗剤を溶かしたぬるま湯、または10%のアルコールでふきあげます。これでとれない場合は、オキシドールでふいてください。
エ	エナメル(塗料)	固くなっていたら、テレビン油でやわらかにして、シンナーでふきとります。
オ	ファンデーション	ティッシュペーパーでふいてからアルコールでふきとります。洗剤ぶきでとれるものも。
カ	カレー	酢でふいてからアルコールでふきます。残ったシミはオキシドールでふけば落ちます。
	かび	ブラシをかけてから、アルコールでふきあげます。
	乾電池の汚れ	いち早く酢でふく。
キ	機械油・食用油	ヘラで油をけずりとり、紙でふいてから、お湯でしぼったタオルに住まいの強力洗剤をつけてふきます。古い油は、10倍に薄めた住まいの洗剤をたっぷりつけたタオルをあて、時間をおいてからお湯と歯ブラシでよくこすり、タオルでふきあげます。残ったシミはアルコールと住まいの強力洗剤でとります。無地のものは輪ジミを残すことがあるので、最後にまわりに霧をたっぷり吹きつけておくとよいでしょう。
ク	口紅	アルコールでこすりとり、洗剤を入れたぬるま湯でふきあげます。
	クレヨン・靴ズミ	ひどい汚れはアルコールを歯ブラシにつけ、たたくようにしてとり、ぬるま湯でふきます。
	クリーム(化粧用)	紙でよくふきとってからアルコールでぬぐい、洗剤を入れたぬるま湯でふきあげます。
ケ	ケチャップ	紙でふき、酢でふきとります。色が残ったらオキシドールでふいてください。
コ	コーヒー・紅茶	ぬるま湯を汚れの上にそそいで、吸収紙かタオルでふきとってから、乾いた布でふきあげます。あるいはレモン片でこすり酢でふく方法も。牛乳の入ったものは洗剤ぶきを。
	こげあと	スチールウールで表面を軽くこすり、そのあとオキシドールをガーゼに含ませて、その上から熱いアイロンをかけ漂白します。
	コーラ・サイダー	残るシミはオキシドールでふくか、あるいは洗剤を入れたぬるま湯でふきます。
サ	酒・ビール・洋酒	ひろがるのを防ぐため、こぼした上に塩をのせ、塩が水を吸ったらやわらかなブラシで掃きとりましょう。あとはスポンジに水を含ませてふきます。アルコールや、洗剤を入れたぬるま湯でふいても結構です。
	サビ(鉄)	酢でふきます。ひどい汚れは、酸性のトイレクリーナーでふくとよいでしょう。
	サビ(銅・緑青)	酸でとるか、とれない時は0.5%過マンガン酸カリ液をつけ、3%蓚酸でふいた後、アンモニア水で洗って、水でよくふきとります。
シ	しょう油・ソース	吸取紙でできるだけ吸いとっておいて、洗剤を入れたぬるま湯でふきます。古いシミはオキシドールで漂白。
	ジャム	アルコールまたは温湯で洗いとり、中性洗剤を入れたぬるま湯でふきあげます。
ス	酢	水ぶきでOKです。
	墨	重曹とゴハン粒をねり合わせ塗りつけてふきます。ゴハン粒とウグイスのフンも有効。そのあとお湯でしぼったタオルに住まいの強力洗剤をつけてふきます。
	スープ	洗剤でしぼったタオルでふきます。
タ	卵の白身	温湯は使わないこと。冷たい水を布につけ軽くこするか、大根汁とか小鳥のフンをねってつけ、乾いてから水でふきあげます。
チ	チョコレート	紙でふき、乾いてからブラシをかけて、それでとれないものは、水と消毒用アルコールを半々にしたものをつけてふきます。
	チューインガム	まるめながらできるだけつまみとって、残った部分は氷片で固めてからたたいてとります。残ったものは爪の除光液でふきとってください。
	血	オキシドールでふくと簡単にとれます。古いシミは大根おろしでしめらせてから、オキシドールでふくとよいでしょう。
ト	泥(乾燥後)	やわらかなブラシで十分にブラッシングし、洗剤を入れたぬるま湯で汚れをしめして、ぬるま湯でふくか、あるいはフノリ液でたたきだして水でふきます。
	灯油	粉末洗剤をかけてまず洗剤に灯油を吸収させます。それをブラシではらえばOK。あとは自然に蒸発しますから、窓を開けて乾かしてください。
ニ	尿	水でふき、あとお湯でしぼったタオルに住まいの強力洗剤でふきます。
ハ	バター	アルコールでふけばよろしい。
	歯みがきクリーム	水でふくだけで結構です。
フ	ふん(犬、猫)	すぐに塩水でふきとり、そのあと5%アンモニア液でふいて、最後に中性洗剤を入れたぬるま湯でふきあげます。軟らかい時は、塩や灰、クレンザーなどの白い粉末をかけてブラシでとります。そのあとは水でふいてください。
ヘ	ペンキ	こぼしても、すぐならテレビン油でとれます。古くなったものは、ボロ布にテレビン油をつけて汚れの上にのせ、まず軟化させます。これをテレビン油でふきとり、さらに住まいの強力洗剤でふきとれば、まず完ぺきです。
	ヘヤダイ	美容院でコールドパーマの第一液をわけてもらい、これでふくときれいに。新しいうちなら、レモンの切れはしでふくのも有効です。
ホ	ポマード	紙であらかたふきとって、あとはアルコール、ときには水でしぼったタオルに住まいの強力洗剤をつけてふきます。
マ	マニキュア	爪の除光液で、注意深くこすりとっていただきます。
ミ	ミルク・ヨーグルト	布に湯をつけ軽くこすり、洗剤液でよくふきとります。もしシミが残るような場合はアルコールでふきます。
	みそ汁	水でふいてくだされば十分です。
ヨ	ヨードチンキ	アルコール、または10%ハイポでふいてください。
ラ	ラッカー	爪の除光液、もしくはシンナーでふきます。
ワ	ワセリン	アルコールでふくのがよいでしょう。灯油でもきれいに落ちます。

「純一! またカーペットにミルクこぼして!」「ママだって、マニキュアこぼして!」

(やれやれウールでなかったら大変だったろうな。)

365日、いろいろなことが起きるものですね。まァ、起こったことは仕方がない。とにかくすぐに、的確な応急処置をしましょう。ウールなら汚れにツヨイから、見苦しいシミは残さずにすむでしょう。ウールの表皮は独特のウロコのようなものでびっしりとおおわれているので、水滴をすべてはじき返してしまうのですね。だから汚れが、芯までしみ通ることもない。このウールの汚れにくさは、実験でもはっきり証明されています。英国の国際羊毛事務局技術センターで、10種類のカーペットをそれぞれ10万回ずつ土足で踏みつけてみた結果、ウールとそうでないものとでは、3倍から5倍も汚れ具合に差があったのです。カーペットは2年や3年で取り替えるものではありません。だからこそ汚れについては、もっともっと気を配ってほしいのです。

国際羊毛事務局　〒107 東京都港区赤坂局区内

1年たつと、ウールのよさが納得できます。

ウールマーク・カーペット

ALL NEW WOOL

16.

硝子繊維協会

デザイン発想3　省エネルギー問題提起

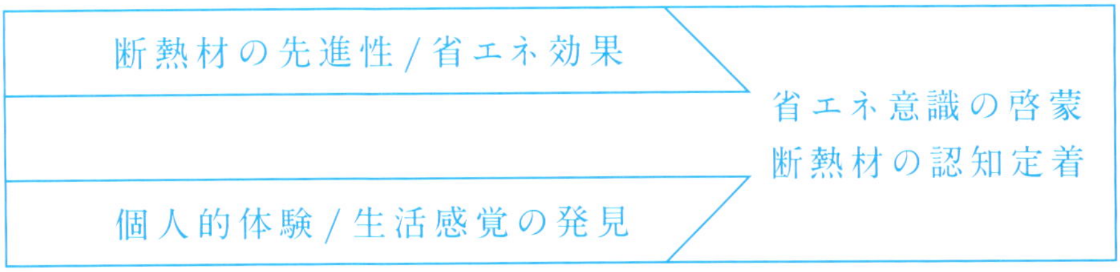
断熱材の先進性/省エネ効果
個人的体験/生活感覚の発見
省エネ意識の啓蒙
断熱材の認知定着

ガラスの繊維グラスウールによる断熱材の普及啓蒙キャンペーンである。当時北海道では「防寒住宅建設等促進法」という法令があって、断熱材を使うことはもう当り前になっていたが、その他の地域ではグラスウールの存在はおろか、断熱材とは何かということさえ知っている者は少なかった。もちろんわれわれもまるで無知で、建築の専門書や資料をもとに猛勉強しなければならなかった。

こうした背景があったので私たちは、エネルギーの節約という社会性のあるテーマに対し断熱材がいかに有効かということを、身近なエピソードから説き起こし、少しずつ人々の意識を変えてゆくことにした。

デザインはヘッドラインを思い切り大きく扱い、「主張する」フォーマットをつくった。ビジュアルがスモールで控えめな所もかえって特徴になって、機能を伝える広告という点では同じだが、ウールとはまったく違う顔を持つこととなった。

おや、断熱材の広告に
どうしてワラブキ屋根が
出てるんだろうね。
近頃あまり見かけなくなったワラブキ屋根、これがなかなかすぐれた断熱材であるということは、ご存知ない方が多いようです。そういえば田舎の家は、夏でも結構涼しかったな…と、思い当るフシもあるでしょう。普通夏の屋根裏は、50°Cを超えるといいます。ところがワラブキだと、炎天下でもそんなに暑くなりません。考えてみれば何の変哲もないワラの束。なぜそれほどの断熱効果を発揮するのか不思議ですが、その秘密はワラとワラの間の無数のスキマ。ここにひそむ空気が断熱の主役です。対流しない空気の熱伝導率は0.02Kcal/mh°C。私たちの身近なものでこれほど熱を伝えにくいものはありません。ということは、空気をたくさん包みこんだものほど熱を遮る力が大きい、という理屈になりますね。
ところでグラスウールは、なんと99%が空気。
信じられないほどですが。要するにこれは「空気のカベ」です。その効果のほどは、グラスウールを使った壁と使わない壁では、5倍から10倍も熱の逃げ方が違うという実験結果を待つまでもなく実際に冷暖房費が½になることを見ても明らかでしょう。しかも無数の「空気の小部屋」が音を吸収。外部の騒音を閉め出します。素材がガラスですから燃える心配もない。建材としてはまず理想的です。いまや欧米の住宅は、断熱材を使うのが常識。そしてそのほとんどがグラスウールです。
内壁
天井
外壁
グラスウール
エネルギーを食べる家から
エネルギーを貯める家へ。
グラスウール断熱材
硝子繊維協会
省エネルギー住宅促進委員会
東京都港区西新橋1-5-8川手ビル

17.

□ CD/Cは西村佳也。ウールマークと同じ制作チームに、という依頼で始まった。17.は藁葺き屋根の家が冬暖かく、夏涼しいのは、藁の間の無数の隙間が空気の層をつくっているので、断熱性能に優れている。この原理とグラスウール断熱材の原理が同じであることを伝えている。

□ 18.は、断熱材の普及している北海道の家の方が、断熱材の入っていない東京より暖かいという意外性をモチーフにした。西村と、そういえば学生時代に北海道の奴が、最初に風邪をひいたよねと話し、二人の共通体験からこの広告は生まれた。

□ 17.〜24.のPは宍戸眞一郎。ともすれば無機的になりそうなアイデアに温度を与えてくれた。

北海道の人は、東京へ来ると
なぜすぐ風邪をひくんだろう。

寒さには馴れっこのはずの彼らが、部屋の中でオーバーを着こみ、「東京の家の方がよっぽど寒いよ」と鼻水すすりながらボヤくのは、どういうことなのでしょうか。確かにあちらはストーブもケタ違いに大きいし。でもどうやらそれだけではないようですね。

北海道の家は、まるで魔法瓶の中にいるようなものなんです。暖かさをグラスウールでとじこめてある。

北海道には、寒住法、正確には北海道防寒住宅建設等促進法という特別の法令があって、防寒対策の施されていない住宅は住宅金融公庫の融資が受けられないのです。このためでしょう。最近の北海道の家は、壁も床も天井もすき間なく断熱材でくるまれていて、窓は2重窓。暖かさを逃がさぬよう実に合理的にできてます。実験によればグラスウール断熱材を使った壁と使わない壁では、5倍から10倍も熱の逃げ方が違うといいますから、大きなストーブをガンガン燃やさなくとも室内は十分暖かくなるわけ。さてこの寒住法のような例は、わが国ではまだ北海道だけですが、世界を見わたすと、北欧などの断熱の先進国はもちろん、日本と同じような気候のフランス、イギリスなどでさえ、厳しい断熱基準があります。しかも昨年の石油危機以後は、これをさらに北欧なみの水準に、という動きがあるとか。これらの国々がいかに省エネルギー問題に真剣な目を向けているかという、何よりの証拠といえましょう。

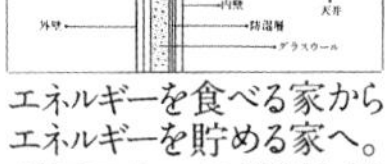

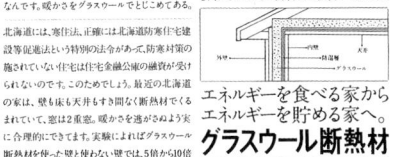

エネルギーを食べる家から
エネルギーを貯める家へ。

グラスウール断熱材

硝子繊維協会 省エネルギー住宅促進委員会

●小冊子進呈──「断熱材を使ったら、どれだけ暖房費を節約できるでしょうか」を差し上げます。ハガキに住所・氏名・年令・職業を明記の上、硝子繊維協会N-6係までお申し込みください。

18.

窓よりも、
壁から熱が逃げている。
まさか、と思われるでしょうけれど、実際に測定してみると、換気のための開閉を含めても、窓やドアから逃げている熱というのは、考えていたほどでもないのです。ちょっとこの数字を見てください。
天井・屋根……18%　窓……10%
外壁……43%　ドア……1%
床……12%　換気……15%
土間……1%　(ただし窓はカーテンをひいた場合)
これは100平方メートルの木造2階建住宅を例に、それぞれの熱損失を比較したものですが、こうしてみるといままでは、壁にいちばん暖房費をつかいこまれていたんだなァ、ということがよくわかります。しかも驚いたことに、この壁と天井と床を合わせると、それだけでなんと73%もの熱がむざむざととり逃がされていたことになるわけですね。
省エネルギーという観点から、いま断熱材に大きな関心が寄せられているのも、以上のような理由から。
いま、この壁・天井・床に断熱材、例えば100ミリのグラスウールを使って、家をすき間なくくるんだとしましょう。こうすると、以前は73%も占めていたこの部分の熱損失の割合は、わずか28%にすぎなくなってしまいます。今度は、窓やドアの方が比率が高くなってくる。つまり窓やドア以外からは、暖かさがほとんど逃げ出さなくなるわけですね。これだけで家全体の熱のロスは、ほぼ⅓に減る勘定。暖冷房費の節約ということを考えると、これは大きな違いです。やがては日本でも欧米なみに、家庭で消費されるエネルギーの⅔が暖冷房用になるだろうといわれていますが、断熱材を使った家がもっと増えれば、貴重な資源もたいへん助かることになります。欧米で断熱材、とりわけグラスウールを住宅に使用することが常識となっているのも、こういった認識が、一般に高いためなのでしょう。
内壁
天井
外壁
防湿層
グラスウール
エネルギーを食べる家から
エネルギーを貯める家へ。
グラスウール断熱材
硝子繊維協会 省エネルギー住宅促進委員会
●小冊子進呈――アメリカ商務省発行の「暖房費を節約する7つの方法」の翻訳版を差しあげます。ハガキに、住所・氏名・年令・職業を明記の上、硝子繊維協会N-5係までお申し込みください。
19.

□ 19. 20. は資料のデータをそのまま広告にしたものだ。事実の意外性に説得力があれば、われわれが「そうなんだ」と思ったことがすでに表現になるという例である。データを読み取る力は私たちの仕事に大切な部分だ。「そうなんだ」と思えるかどうかが、いつも問われているともいえる。写真は何気ない風景であるが、冬の陽だまりや、夏の屋根の異常な熱さを素直に映している。

夏の屋根裏って、
50℃を超えてるんだってね。

それでなくても暑い盛りに、こんな例えをもち出して恐縮ですが、つまり、あなたの頭上には、大きなパネルヒーターがついてるようなものなんですね。これでは暑くて当然。エアコンの効きもにぶろうというものです。そこで一つ提案ですが

天井に断熱材を入れてみてはいかがでしょうか。これなら今のお住いに日曜大工で敷きこめますし。

ちょっと思い出していただきたいのですが、田舎のワラブキ屋根の家。そういえば、夏も結構涼しかったな…。ただのワラの束のようですが、どうしてどうして、あれでなかなか断熱効果が高いのですね。ワラの間の空気の層が、熱を遮断するのです。閉じこめられた空気は、最も熱を伝えにくいものの一つですから、動かない空気をたくさん含んでいるものほど断熱効果がよいということになります。その点グラスウールは99%が空気。例えば50ミリのグラスウールを使った天井と使わない天井では、3倍から4倍も熱の通り方が違います。あの灼熱の太陽の影響も室内までは届かないというわけですね。エアコンをお使いのお宅ですと、この差がはっきり電気代にあらわれてきます。冬は暖房費が2割減。毎年のことですから、この違いは大きいですね。さて工事ですが、表面加工したものなら素人でもラクに扱えますから、日曜大工で大丈夫です。価格は50ミリで3.3平方メートル当り1,400円前後。普通の平家なら3万円程度です。100ミリだとそれより少々お高くなりますが、それだけ効果も大きいわけで、なるべくなら厚いものをおすすめします。もちろん新改築のご予定がおありなら、天井だけでなく、壁・床と、家ぐるみ断熱材で包んでしまうべきでしょう。なにしろ冷房費は約半分、暖房費は $\frac{1}{3}$ ですむのですから。

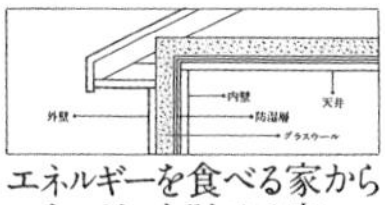

エネルギーを食べる家から
エネルギーを貯める家へ。

グラスウール断熱材

硝子繊維協会 省エネルギー住宅促進委員会
105東京都港区西新橋1-5-8川手ビル☎03-591-5406

●小冊子進呈――アメリカ商務省発行「冷房費を節約する11の方法」の翻訳版、及び「断熱材の手軽な施工法」を差し上げます。ハガキに住所・氏名・年令・職業を明記して硝子繊維協会N-16係へ。

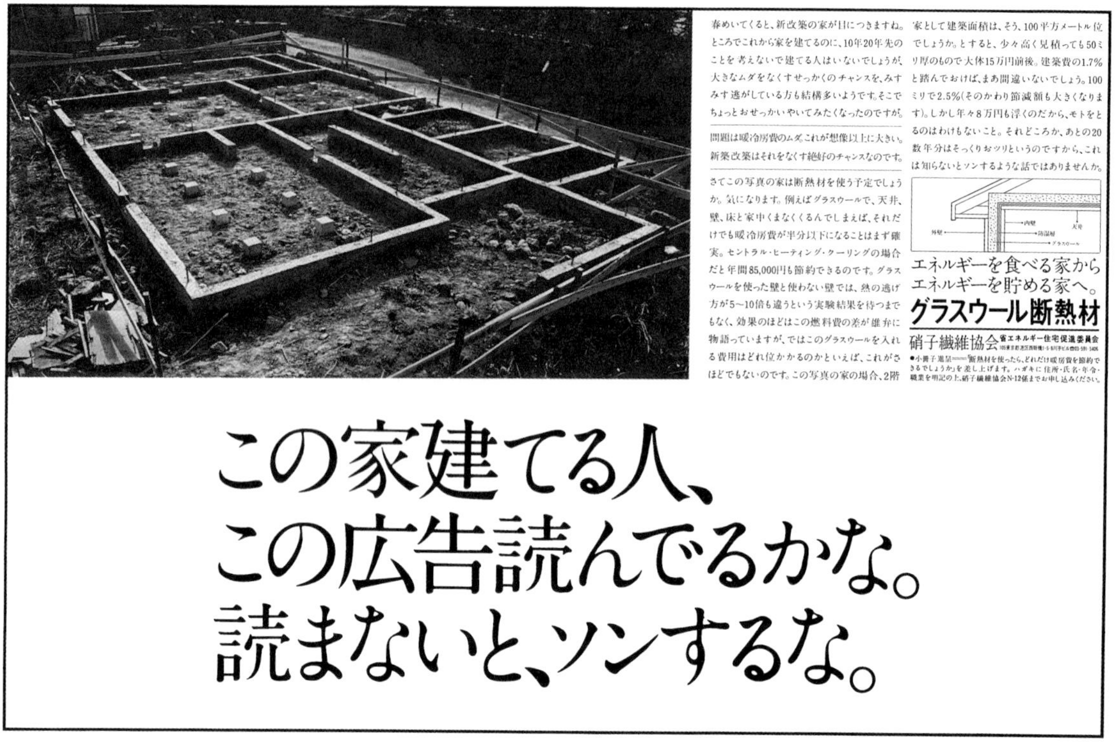
春めいてくると、新改築の家が目につきますね。ところでこれから家を建てるのに、10年20年先のことを考えないで建てる人はいないでしょうが、大きなムダをなくすせっかくのチャンスを、みすみす逃がしている方も結構多いようです。そこでちょっとおせっかいやいてみたくなったのですが。
問題は暖冷房費のムダ。これが想像以上に大きい。新築改築はそれをなくす絶好のチャンスなのです。
さてこの写真の家は断熱材を使う予定でしょうか。気になります。例えばグラスウールで、天井、壁、床と家中くまなくくるんでしまえば、それだけでも暖冷房費が半分以下になることはまず確実。セントラル・ヒーティング・クーリングの場合だと年間85,000円も節約できるのです。グラスウールを使った壁と使わない壁では、熱の逃げ方が5〜10倍も違うという実験結果を待つまでもなく、効果のほどはこの燃料費の差が雄弁に物語っていますが、ではこのグラスウールを入れる費用はどれ位かかるのかといえば、これがさほどでもないのです。この写真の家の場合、2階家として建築面積は、そう、100平方メートル位でしょうか。とすると、少々高く見積っても50ミリ厚のもので大体15万円前後。建築費の1.7%と踏んでおけば、まあ間違いないでしょう。100ミリで2.5%(そのかわり節減額も大きくなります)。しかし年々8万円も浮くのだから、モトをとるのはわけもないこと。それどころか、あとの20数年分はそっくりおツリというのですから、これは知らないとソンするような話ではありませんか。
内壁
天井
外壁
グラスウール
エネルギーを食べる家から
エネルギーを貯める家へ。
グラスウール断熱材
硝子繊維協会
省エネルギー住宅促進委員会
●小冊子進呈──「断熱材を使ったら、どれだけ暖房費を節約できるでしょうか」を差し上げます。ハガキに住所・氏名・年令・職業を明記の上、硝子繊維協会N-12係までお申し込みください。
この家建てる人、
この広告読んでるかな。
読まないと、ソンするな。

21.

□広告が回を重ねるうちに、ビッグコピーのフォーマットは、コピーライターの独壇場のように感じさせた。21.はまさに言葉の力が読む人を引きつけている。このアクの強さはコピーをより魅力的にさせる。22.の「と思う」の言葉は、広告制作者が、広告主と消費者の間で、第三者の立場からメッセージしているポジションを明らかにしている。これ以前には「と思う」の言葉は、日本の広告にはなかったように思う。この広告以降、「と思う」は広告コピーの定番となった。

節約とガマンは
違うと思う。
ガス・電気・灯油と軒なみ値上げ。なに、昔は火鉢ひとつで冬を越したもんじゃ、これ位の寒さがガマンできんでどうする、と昔気質のお年寄りはタンカを切りますが、炭だって近頃は目が飛び出るほど高いし。節約というとすぐガマンということになるけれど、なにもガマンするばかりが能ではないはずですね。例えば、せっかく暖めた部屋の熱を逃がさないよう手だてを講ずる。こうすれば暖かく快適なまま灯油の使用量を減らせます。これぞ本当の節約というものではないでしょうか。
断熱材で暖かさをしっかりとつかまえる。つまり家全体を、魔法瓶と考えればいいわけですね。
欧米では住宅に断熱材を使うのがもう当り前。しかも断熱材といえば大体がグラスウール。厚さわずか50ミリで、2メートルもの厚さのコンクリートに匹敵するすぐれた断熱能力がかわれてのことでしょう。厚ければそれだけ効果も高く、北欧あたりでは300ミリのものも使われているといいます。
それほど厚くなくても、壁・床・天井をすべてくるめば、暖房費はまず間違いなく、いままでの半分以下であがります。もちろん夏の冷房についても、同じことがいえるわけですね。さてこのグラスウールの費用ですが、例えば75平方メートルの家全体に使ったとしても、せいぜい背広2着分。長い目で見れば、大変な節約になるはずですが。
外壁
内壁
天井
グラスウール
エネルギーを食べる家から
エネルギーを貯める家へ。
グラスウール断熱材
硝子繊維協会
省エネルギー住宅促進委員会
●小冊子進呈――アメリカ商務省発行の「暖房費を節約する7つの方法」の翻訳版を差しあげます。ハガキに、住所・氏名・年令職業を明記の上、硝子繊維協会N-4係までお申し込みください。

22.

お宅、8畳に8畳用のエアコンつけてませんか。

そろそろエアコンの広告が目につくシーズンになってきました。けれどこれはエアコンの広告ではありません。既にお宅が冷房完備の方も、ぜひ読んでいただきたいのです。さて、8畳に8畳用のエアコン…当り前じゃないの、とおっしゃられるかもしれません。ところが同じお部屋に、

もしグラスウールが使ってあったら、もっとずっと小さな容量のエアコンで十分間に合ったはず。

冷房の効き方には日射の影響が予想以上に大きくモノをいっているのですね。なにせ真夏の日中の屋根の表面は75℃、屋根裏は50℃を越えるといいますし、南面西面の壁も焼けるよう。いうなれば四方にパネルヒーターをつけているようなものです。これではエアコンもラクじゃありません。そこでこの熱をグラスウールで遮断する。壁、天井、床と、家中をこれでおおってしまうわけ。グラスウールを使った壁と使わない壁では5倍から10倍も熱の通り方が違うといいますから、エアコンがなくてもこれだけで結構涼しいのですね。これなら1ランク小さいエアコンでも十分間に合います。グラスウールが100ミリ厚の場合なら、窓からの直射日光を厚いカーテンなどでさえぎってあれば、46%も冷房費が節約できる勘定。もちろんエアコン自体のお値段も違いますし、長い目でみると、これは大きな差になってきますね。

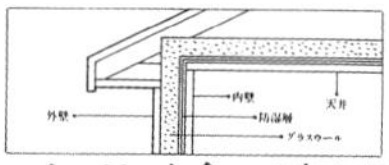

エネルギーを食べる家から
エネルギーを貯める家へ。

グラスウール断熱材

硝子繊維協会 省エネルギー住宅促進委員会

●小冊子進呈──「エネルギーを節約し、住まいの冷房を快適にする11の方法」を差し上げます。ハガキに住所・氏名・年令・職業を明記の上、硝子繊維協会N-14係までお申込みください。

最近、文字の多い広告がふえたねェ。ま、見出しぐらい拾い読みしてみるか。

これまで私たちは、半年にわたってこの広告面で断熱材としてのグラスウールをさまざまな角度からご紹介してきました。その間五千通にも及ぶお便りをいただき、省エネルギーへの関心のたかまりを改めて感じたわけですが、なにせ紙面に限りがあることゆえ、十分にその全貌をお伝えしきれなかったように思います。で、今日はその総集篇。文字の多い広告になりました。すみません。

ところで、ご存知でしたか。窓よりも壁から熱が逃げているという事実を。

まさか、と思われるでしょうね。でも実際に測定してみると、部屋の暖かさは窓や扉などからよりも、壁や天井、床などから逃げている方がずっと

大きいのです。100平方メートルの木造2階建住宅を例にとると、なんと熱損失の70%以上はこの部分から。ところでいま、ここに断熱材を使ったとすると…さてどんな変化が起こるでしょうか。

グラスウールを使った壁と使わない壁では、5〜10倍も熱の逃げ方が違う。

例えば厚さ100ミリのグラスウールで、壁、天井、床をそっくりくるんでしまったとしましょう。これだけでこの部分の熱ロスは⅙に減ってしまいます。70%もの熱がここから逃げていたわけですから、これは効果的。ちょうど家全体を魔法瓶にしたようなもの、と考えればいいわけですね。

なぜそんなに断熱効果が高いのでしょう。グラスウールは、99%が空気なのです。

要するにこれは、ガラスの繊維でこしらえた「空気のカベ」です。閉じこめられた空気は私たちの身近なもので最も熱を伝えにくいものの一つ。ですから空気をたくさん含んだものほど、断熱効果が高いということがいえるわけですね。まぁ、そういうわけですから、これは厚いほどよろしい。

その効果のほどは、冷暖房費が半分になってしまうことをみれば歴然。

例えば、ふつう東京でひと冬にストーブが食う灯油の量は14缶ぐらいだそうですが、いま天井に150ミリ、壁、床に100ミリのグラスウールを使ったとすると、これが6缶で間に合うことになりますし、冷房機もひと回り小さなものですみます。セントラル・ヒーティング・クーリングの場合だと、この差が一層大きくなって、年間8万円以上も違ってくる勘定。長い目でみると、これは大きいですね。

ところが費用は建築費の1.7%ぐらいといいますから、思ったほどでもない。

100平方メートルの建築面積の2階家と仮定すると、50ミリで大体15万円前後。100ミリでも2.5%みておけばまず間違いないでしょう。けれど年々8万円も浮けば、モトをとるのはワケもないこと。それどころかあとの20数年分はそっくりおツリというのですから、知っていてソンのない話です。

天井だけならいま住んでいるお宅にも取りつけられます。日曜大工でどうぞ。

熱は上へ上へと逃げてゆくわけですから、ヤカンやナベのように家にもフタをしてやれば、ずい分違うはず。というわけで、天井にグラスウールをのせる。文字通りただのせるだけですから、これは簡単です。ふとんを敷く要領で、スミからスミまですき間のできないようピシッと敷きつめます。素人でもできます。これだけでも、暖房費は2割がた節約できるのですね。また夏の屋根裏は50℃をこえるのだそうですが、この熱気を防ぐのにも効果的です。クーラーの効きも、当然違ってきます。

北海道では、断熱材を使っていないと住宅金融公庫融資を受けられません。

寒住法、正確には北海道防寒住宅建設等促進法という特別の条例によって、住宅の断熱基準がちゃんと決められているのですね。このためでしょうか最近の北海道の家は、壁も床も天井もすべて断熱材で包まれていて、窓は2重窓。実に合理的です。北海道の脳出血による死亡率が、東北に比べて半分ぐらいというのも、一つにはこの住宅構造の違いに原因があるようです。こんな例は日本ではまだ北海道だけですが、やがて日本でも欧米なみに、家庭で消費されるエネルギーの⅔が冷暖房用になるだろうといわれています。断熱材を使った家がもっとふえれば、貴重な資源もたいへん助かることになるわけですね。

欧米ではすでに常識です。もっと高い断熱基準が珍しくありません。

北欧などの断熱の先進国はむろんのこと、日本と同じような気候のフランス、イギリスなどでさえ厳しい断熱基準が設けられ、一昨年の石油危機以後はこれが、さらに北欧なみの水準にひきあげられそうな勢いだということです。これらの国々がいかに省エネルギー問題に真剣な目を向けているかという、何よりの証拠といえましょう。

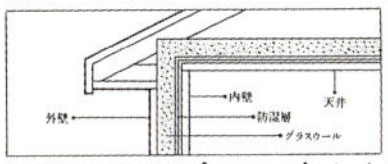

エネルギーを食べる家から
エネルギーを貯める家へ。

グラスウール断熱材

硝子繊維協会 省エネルギー住宅促進委員会

●小冊子進呈「断熱材を使ったら、どれだけ暖房費を節約できるでしょうか」を差し上げます。ハガキに住所・氏名・年令・職業を明記の上、硝子繊維協会N-13係までお申し込みください。

24.

□ このキャンペーンの目的は、グラスウール断熱材の啓蒙にあるが、実は断熱材の入った家には住宅金融公庫からの借り入れの条件が良くなるという、条例の法令化を推進するもう一つの大きな狙いもあった。5年間のキャンペーンの結果、条例は無事に法令化のはこびとなり、キャンペーンが成功することで、広告の仕事も終わった。残念なことではあったが、満足なエンディングだった。

Woolmark（企業・ファッション）
デザイン発想4 ファッション再発見

ウールのファッション・クオリティ

生活にとけこんだ色と質感の美しさの発見

ファッション素材としてのウールの復権

少しずつ変容を重ねながら何年か続いたウールの啓蒙キャンペーンは、ある種の達成感を持って次のステージへとステップアップする。ファッション志向性をサポートする広告へと舵を切るべき時が来たのだ。ウールの柔らかさ、暖かさ、豊かさ、美しさなど、素材の感覚的な側面に光をあてることが必要になった。それらを生活という具体的な場でどう表現するかがビジュアルのテーマとなった。それが私たちの求めるウールのファッションクオリティの訴求になるはずだった。

「触ってごらん、ウールだよ。」というコピーと、素材感を重視したファッション写真のコンビネーションは絶妙で、これ以上の表現はないと思った。以後年毎にファッションのアプローチが変わっても、この言葉はベースに流れる重要なキーワードとなった。

これもCD/Cは西村佳也。私たちは論理的思考から感覚的思考へと大きく舵を切りつつ、お互いの中にある思考の変化を確認しながら企画を進めた。メディアはCFに重点が置かれていた。FD/PLは高杉治朗。柔らかく暖かい演出によるワンカットの映像を、どこから始めて、どこで切るか、その編集の冴えはまさに神業だった。P/CAは菅昌也。CFからグラフィックまで一貫したナチュラルなカメラワークは、キャンペーン全体を包む大きな力となった。

このCFづくりでは特に音にこだわった。あえて音楽のないCF。すべてはサウンドエフェクトを使い、音楽以上の音の効果をあげることを狙った。25.の赤いジャケット篇では、女性が電話をかけている声を。27.の黄色いセーター篇では、遠くで遊ぶ元気な子供たちの声を。28.の車の中のジャケット篇では、経済の話をする、通りすがりのビジネスマンの声を街の騒音の中で拾って、そのまま使った。

NEW WOOL 100%

触ってごらん、
ウールだよ。
NEW WOOL 100%

25.　ウールマーク/赤いジャケット篇

SE：
遠くで電話をかけている女性の声
NA/S：
触ってごらん、ウールだよ。
CI

触ってごらん、ウールだよ。

国際羊毛事務局 〒107 東京都港区赤坂局区内

□映画で効果的に挿入されるインサートカットを、あえてメインビジュアルにすることで、ウールが主役になると考えた。人がいなくても人を感じさせるヒューマンな絵づくりを心がけた。26.は、ロンドンに住む女性の部屋で、壁に飾られた絵画がやや曲がっているところなど、部屋全体の空気をそのまま画面に漂わせ、リアリティを重視した。

触ってごらん、ウールだよ。

国際羊毛事務局 〒107 東京都港区赤坂局区内

□ グラフィックとCFのキービジュアルのスケッチ。映像をできるだけ柔らかにつかんでほしい、という想いで描いた。

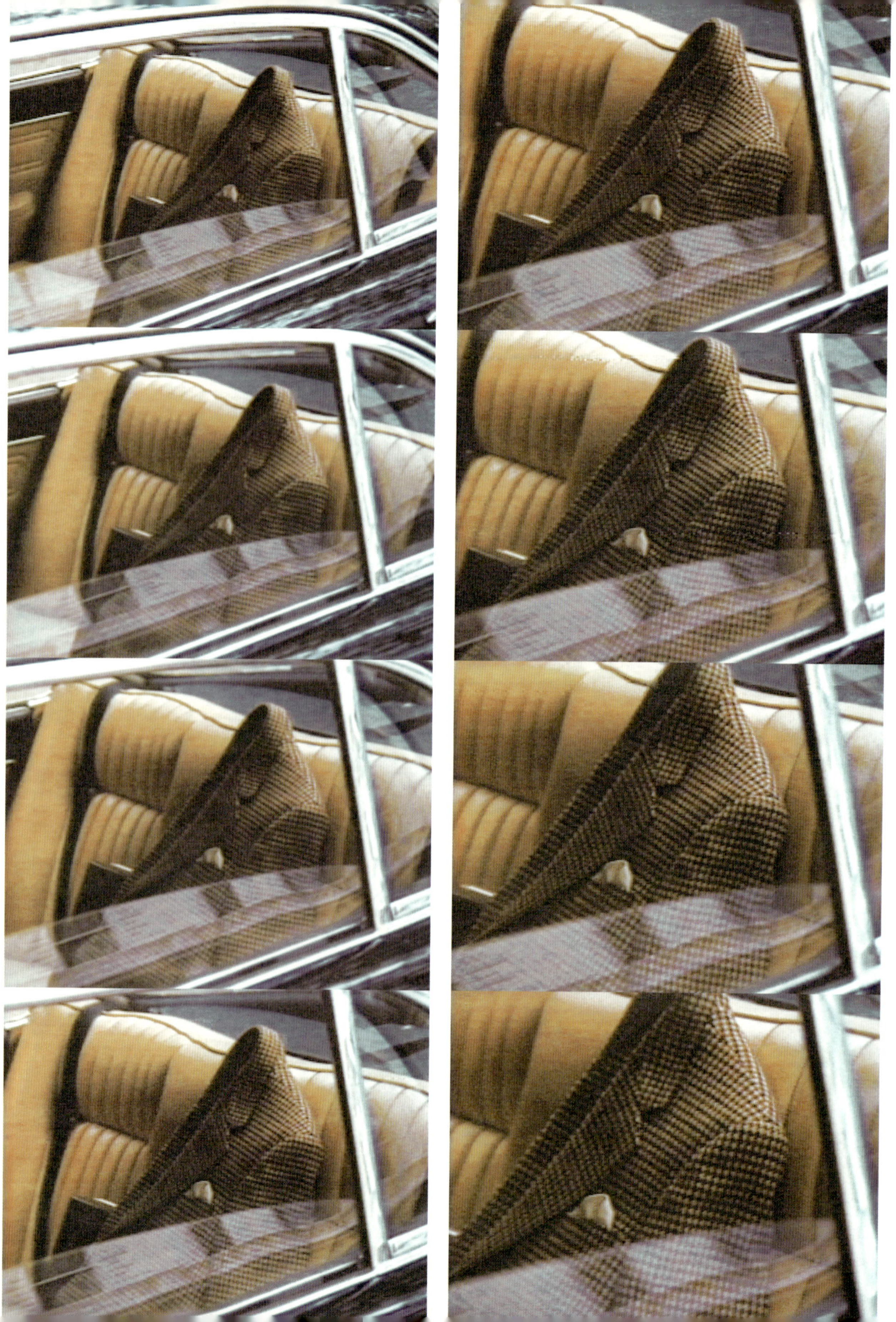

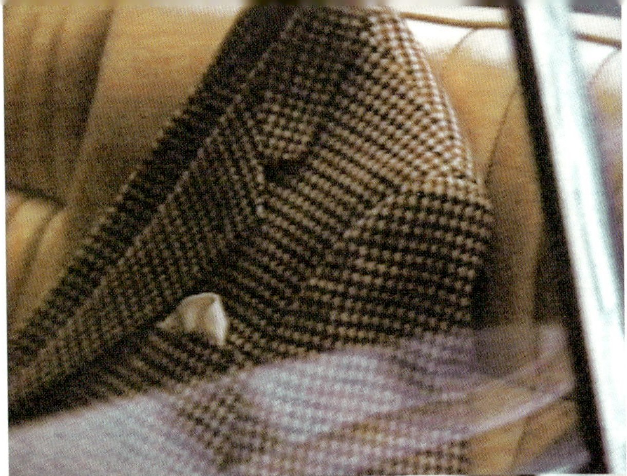

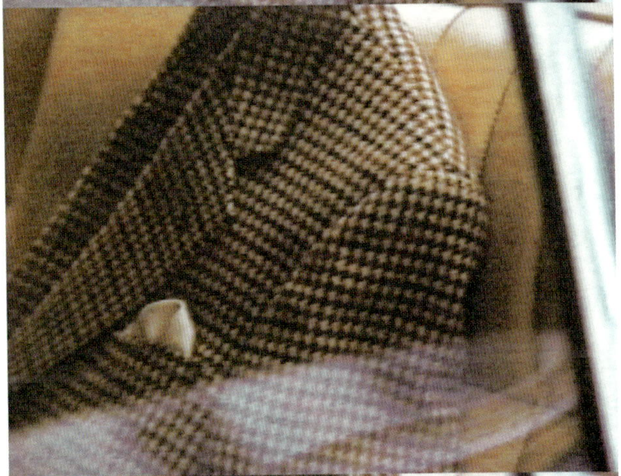

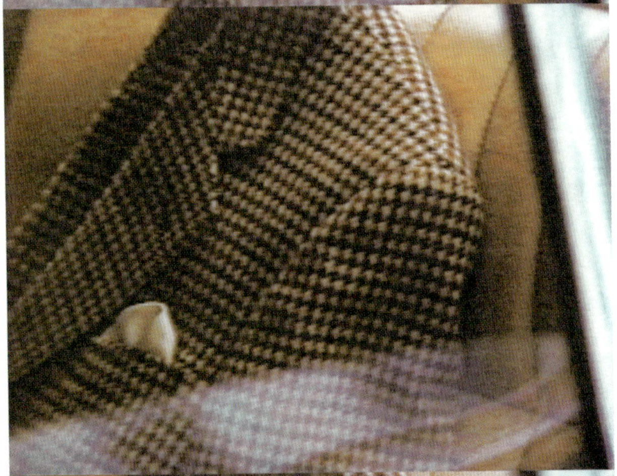

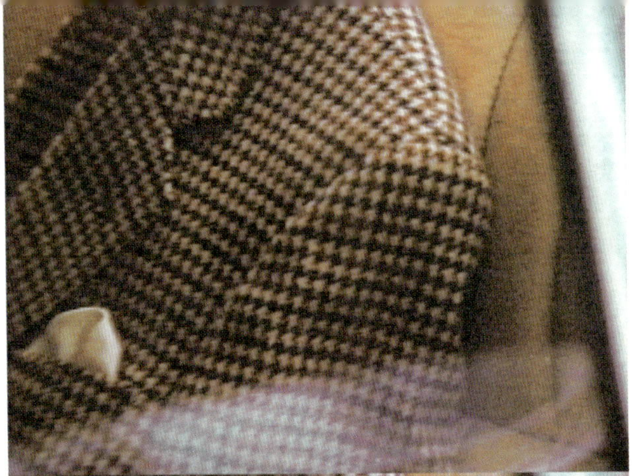

NEW WOOL 100%

触ってごらん、
ウールだよ。
NEW WOOL 100%

28.　ウールマーク / 車の中のジャケット篇

SE：
車外の雑踏の中で話す男性の声
NA/S：
触ってごらん、ウールだよ。
CI

デザイン:
菊池武夫
じっと見ているうちにね、じわじわっと差が出てくる、
そういう服ね。ちょっと見は同じようだけど、やっぱり違うんだなという、
そういう物に興味を感じて、そういう物の見方を
してゆくと、スーツだって、まだまだ新鮮になれると思うんですね。
NEW WOOL 100%
国際羊毛事務局 〒107 東京都港区赤坂局区内

□「触ってごらん」のキャンペーンが終わった翌年、ターゲットがやや若くなり、ファッションデザイナーとウールのコラボレーションがテーマとなった。ウールを動きの中でとらえ、軽やかさを表現することで、新しいイメージを与えた。軽やかなウールは、次の時代のウールの方向性を予感させている。

ウールって、新しいと思う。

デザイン:
ヨーガンレール
自分のつくった服を、誰がどう着ようとかまわない。それは
着る人の自由だから。そのような自由と共にある服を、私はつくっている
わけだから。そうでないと、着ることは、表現にも
主張にもならないし、ファッションは言葉を失ってしまう。
NEW WOOL 100%
国際羊毛事務局 〒107

ウールって、新しいと思う。

ウールは、ゆっくり夢をみる。

Designed by CHISATO TSUMORI
メリノウールは、メリノ種の羊から採れる、
しなやかでハイグレードなウールです。
メリノ・ウール
MERINO WOOL
NEW WOOL 100%
国際羊毛事務局 〒107 東京都赤坂局区内

□ ターゲットがさらに若くなり、デザイナーも若い世代へと移行した。今まで続けていたリアリティのある世界より、白い空間の中で、象徴的にウールのファッションクオリティを演出する方が、ターゲットが抱くウールのイメージを変化させると考えた。

□ 31. 32.のPは坂田栄一郎。モデルの自由な動きを、自由なカメラアイでとらえた。

ウールは、ゆっくり夢をみる。

Designed by TETSUYA OKI
メリノウールは、メリノ種の羊から採れる。
しなやかでハイグレードなウールです。
メリノ・ウール
MERINO WOOL
NEW WOOL 100%
国際羊毛事務局 〒107 東京都赤坂局区内

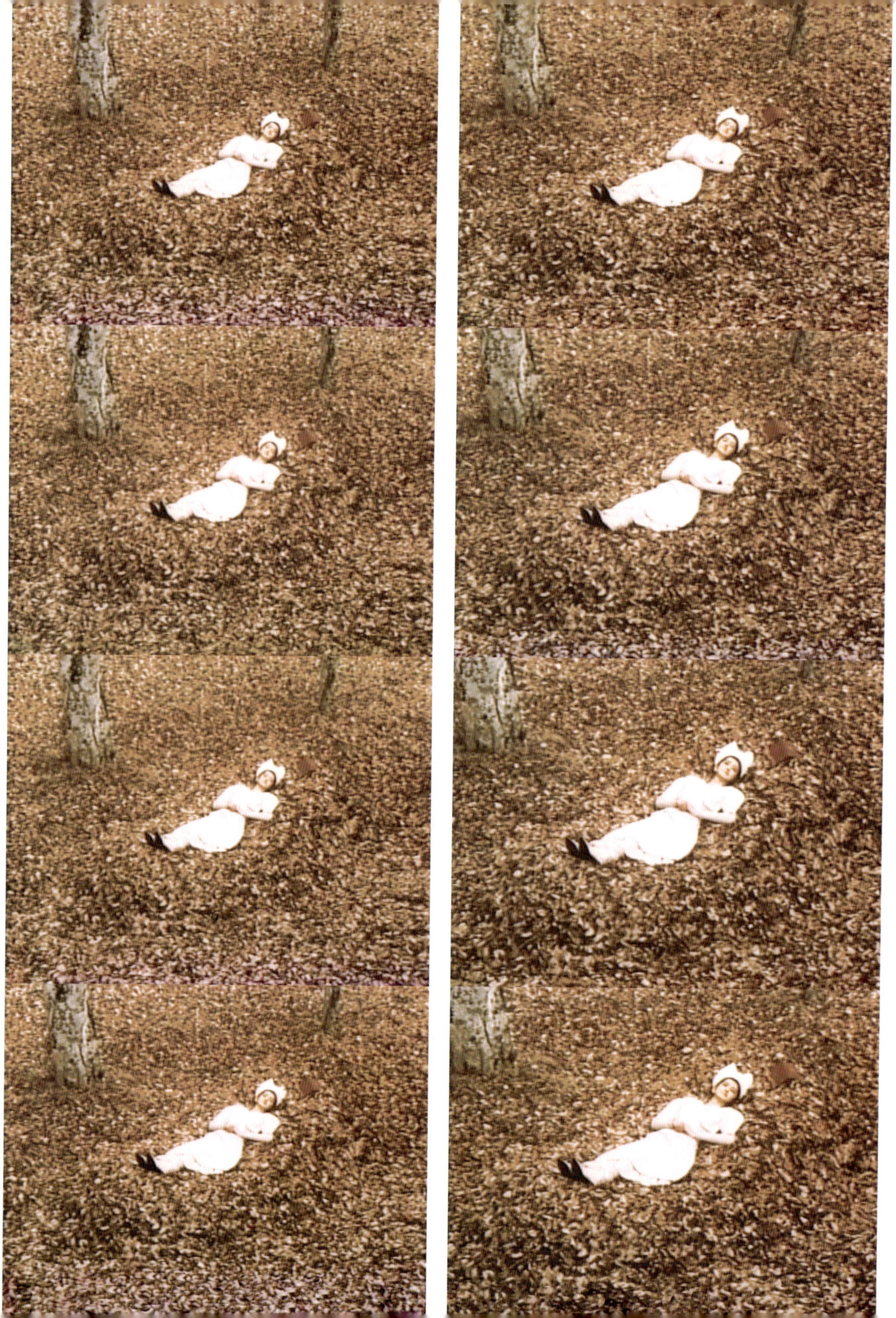

気持のいいベッドを見つけた。

気持のいいベッドを見つけた。

とってもウールな
人でした。

とってもウールな
人でした。

33.　ウールマーク/落ち葉のベッド篇

S：
気持のいいベッドを見つけた。
NA/S：
とってもウールな人でした。
CI

□ ヤング世代に、ウールらしい豊かさや、優しい感覚を抱いてもらおうと考えた。やや非現実的な画面づくりをして、異和感のあるイメージをつくり、ファッション広告として一つの答えを求めた。だからこそウールの素材感を、強く印象に残すことは大きな条件だった。

デザイン：大西厚樹
(ATSUKI ONISHI)
を見つけた。
とってもウールな人でした。

僕は、羊になった。
NEW WOOL 100%
国際羊毛事務局 〒107 東京都港区赤坂局区内

デザイン：王城徹也
（INO）

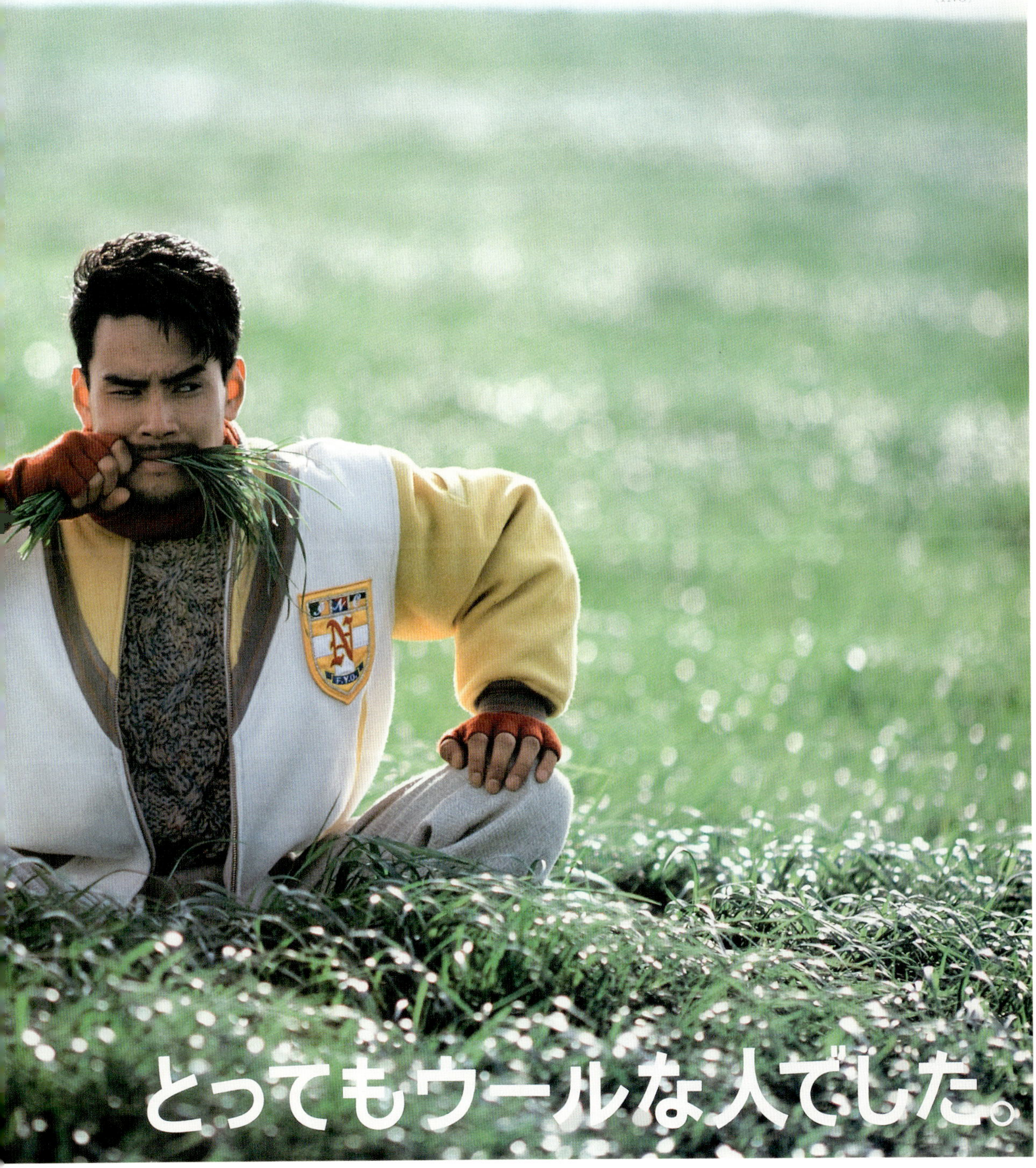
とってもウールな人でした。

Woolmark（ヤングブランド）
デザイン発想5　ウールと先端デザインの融合

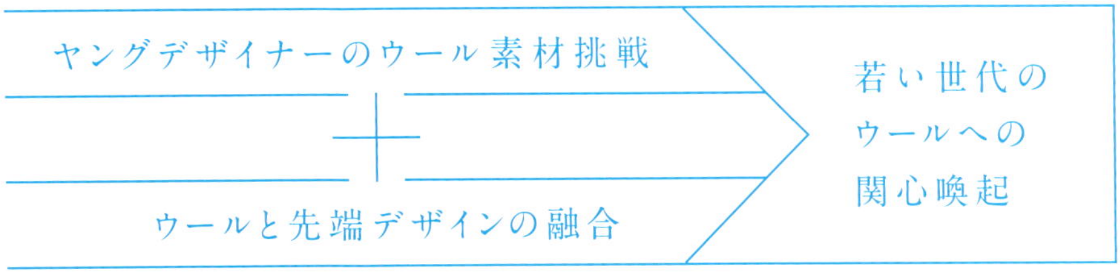

ウールという繊維は、当然のことながら、若い世代のファッション素材としても無限の可能性を秘めている。そこで、複数のヤングデザイナーに、ウール素材による服のデザインを依頼することにした。それらの作品を広告のモチーフにすることで、ウールのイメージをガラリと変革しようとしたのだ。

ここにはもう一つの大きな狙いがあった。それは、ウールマークそのものの活性化だ。成熟世代へのマークの浸透度はかなり高いものがあったが、若い世代の関心はまだ決して高いとはいえない。それは彼らの購買行動を考えれば明らかだった。新しいキャンペーンでは、ウールへの関心を強く抱かせるとともに、まずマークの存在に気づかせる必要があった。

CD/Cの岡部正泰との共同作業だ。ウールらしさという既成概念から飛び出る言葉を探した。CFはFD/PLに李泰栄。彼のテイストがウールの新しい世界をつくってくれると期待した。その狙いは私の想像を超えて的中した。コンピューターグラフィックスがまだ表現として確立していない時代に、次々と繰り出される斬新な映像はファッション界、広告界を席巻したのだった。CA真下伸友。先進のビジュアルを動的に定着させた。

ウールの仕事を始めて2、3年目くらいからウールと私の生活は一体化していった。もともと取材を基本としてウールと向き合ってきたが、ちょっとした旅行先やロケなどで海外に行ったときなど、必ずお店を回ってウールマークのついている状態や、新しく開発されたウール製品などに触れていた。服は軽い方向へ行くと予感していたので、軽いウールに出会ったときなど特に感激したものだ。ウールと一年を通して日々新たな気持ちで接し、ウールの消費者の一人として、ウールは私の生活の一部になっていた。ここで得た企業や商品と、制作者であり消費者でもある自分との関係は、広告に携わる人間としてのスタンスとなった。

メリノ・ウール

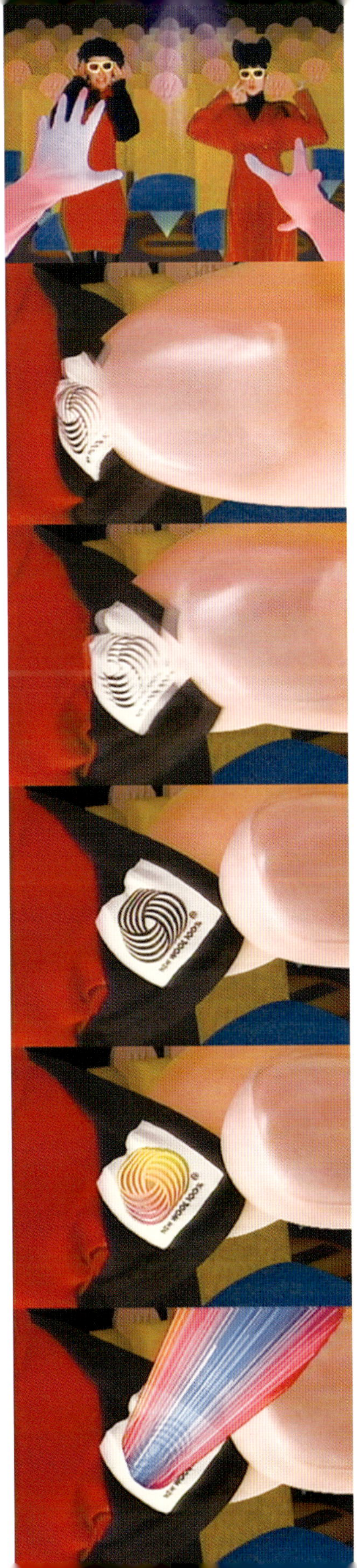

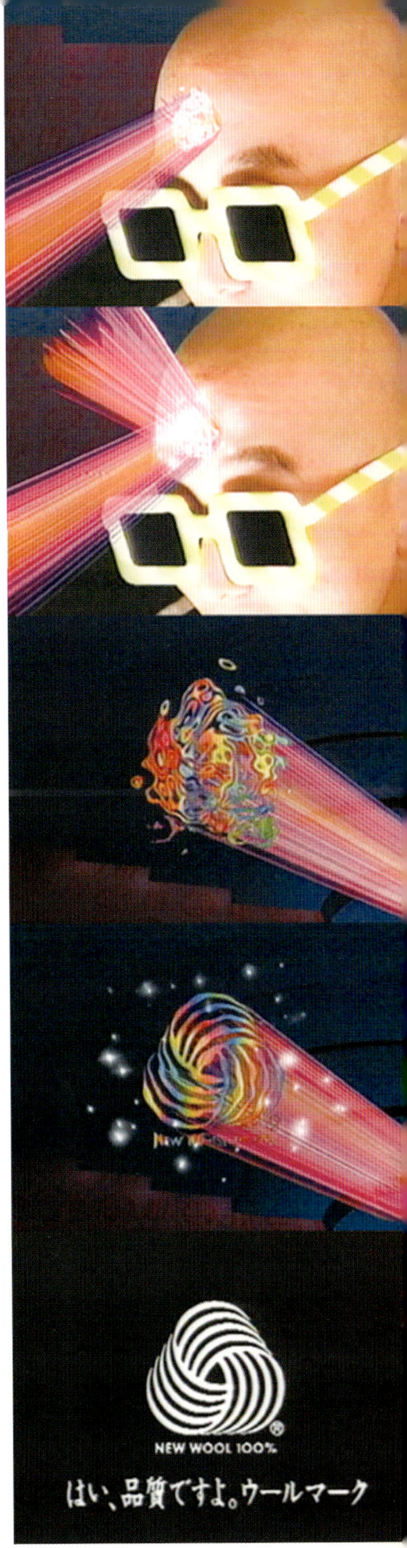

36. ウールマーク/シアター篇

全篇　歌：爆風スランプ ♪まっくろ〜
S：
ウールマーク拝見団 メリノ・ウール
NA/S：
はい、品質ですよ。ウールマーク
CI

IWS
ウールマーク
メリノ・ウール

37. ウールマーク/ストリート篇

全篇　歌：爆風スランプ ♪まっくろ～
S：
ウールマーク拝見団 メリノ・ウール
NA/S：
はい、品質ですよ。ウールマーク
CI

□ ウールのイメージ変革は、グラフィックでは、CFとは違うアプローチで連動を図った。ヤングデザイナーがデザインした服を発表し、その想いを語ることで、複数の広告をつくった。ビジュアルには、感覚指向の強い写真を求め、「シャッターチャンスを決めない写真」をテーマに追求した。設定もファッションぽくなく、「どんな場所でも写真になる」という自由な枠組みで始めた。Pは富永民生。この難しいテーマにポジティブに向き合い、シャッターを切った。結果として一連の雑誌広告は、いわばウールの写真集となった。次ページからの8点はその一部だ。

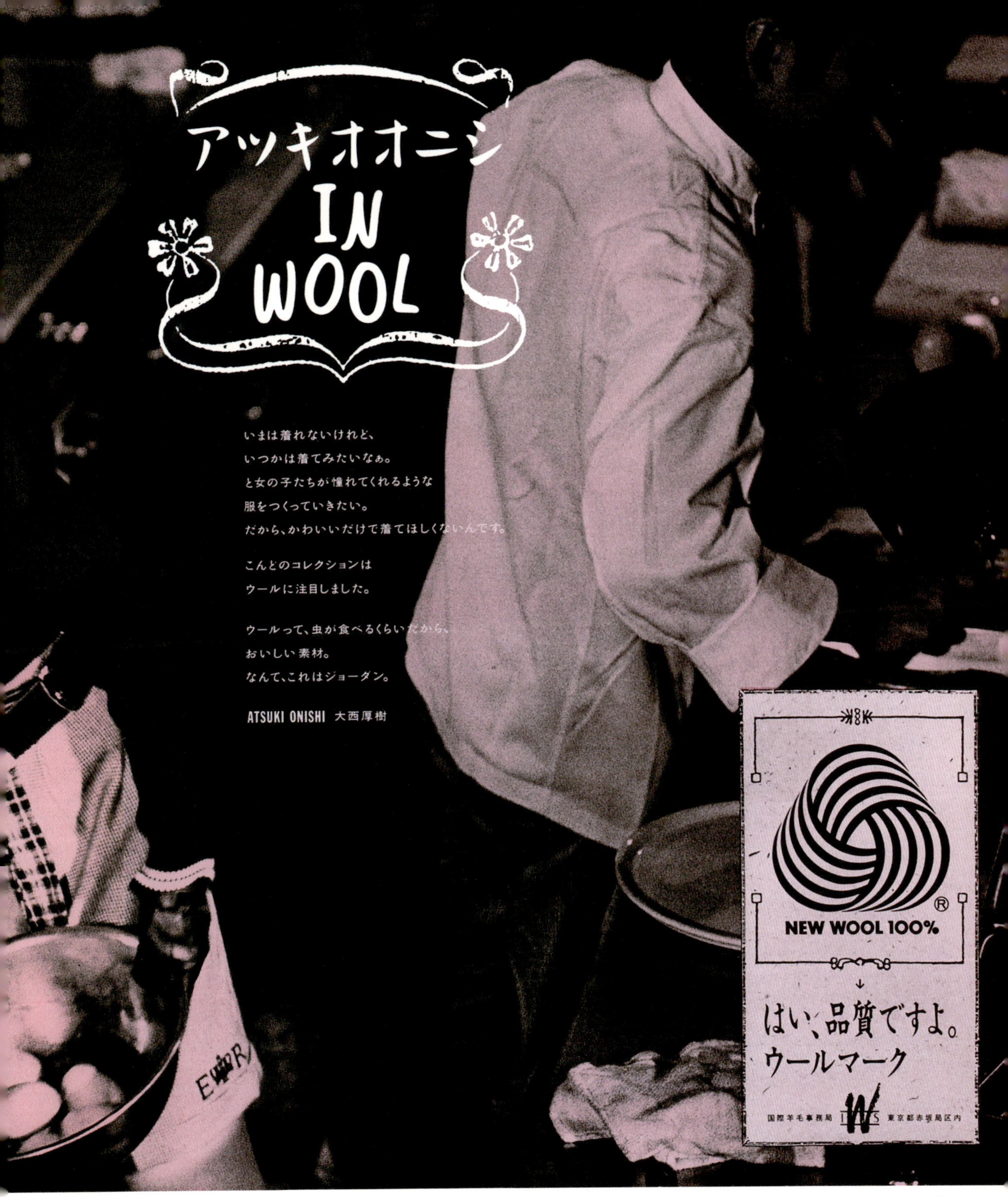

アツキオオニシ
IN
WOOL
いまは着れないけれど、
いつかは着てみたいなぁ。
と女の子たちが憧れてくれるような
服をつくっていきたい。
だから、かわいいだけで着てほしくないんです。
こんどのコレクションは
ウールに注目しました。
ウールって、虫が食べるくらいだから、
おいしい素材。
なんて、これはジョーダン。
ATSUKI ONISHI 大西厚樹
NEW WOOL 100%
はい、品質ですよ。
ウールマーク
国際羊毛事務局 IWS 東京都赤坂局区内

ヴィーマードル
IN
WOOL
仕事をしている女性で、すごくいい感じ、
という女性、ふえてるでしょ。
なにかサムシングが香るような…。
知的な雰囲気に包まれた…。
そんな女性たちが爽やかに着こなす服が
ヴィーマードルです。
ウールの大人っぽい気品を
大切にしていますから、
おしゃれにキャリアのある女性ほど、
似あうはず。
Vie Mädel

NEW WOOL 100%
はい、品質ですよ。
ウールマーク
国際羊毛事務局 IWS 東京都赤坂局区内

イノーブ
IN
WOOL
ヒールをはいて、おすましして。
というタイプの女らしさは、
イノーブじゃないです。
野性的な美しさとか、
強くてりりしい女の人がイメージ。
こんどの秋冬は、
キリッと構築的なデザインに、
ウールのあたたかさをあわせてみました。
ちょっと気持ちいいアンバランスを
感じてくれると嬉しいです。
INNOV 大野[illegible]

NEW WOOL 100%
はい、品質ですよ。
ウールマーク
国際羊毛事務局 IWS 東京都赤坂局区内

コンクール参加作品

リツコミンブ
IN
WOOL
自分自身になにかエキセントリックな
生き方ができる女性に着て欲しい。
といってもつっぱった感じじゃなくて、
もっと軽い、
仔猫みたいなかわいい女の子。
このイメージとウールの自然な、
あたたかなぬくもりはよくあうんです。
着る人よりも服が出しゃばらない、
そんな着かたがいいですね。
LITUKO MIMBU 民部律子
NEW WOOL 100%
はい、品質ですよ。
ウールマーク
国際羊毛事務局 IWS 東京都赤坂局区内

アトリエサブ
フォーメン
IN
WOOL
大学を出て2～3年の男性がイメージですが、
実際には30代の人もけっこう着ています。
トラディショナルなんだけど、
今っぽく着れる。
着くずしたトラッド、というのかな。
そのためにもウールの落ち着いた、
大人の味わいが欠かせません。
そういうわけで、こんどの秋冬は、
ほとんどがウールなんです。
ATELIER SAB 黒川章郎
for men

109
112
115
NEW WOOL 100%
はい、品質ですよ。
ウールマーク
国際羊毛事務局 IWS 東京都赤坂局区内

スパッツ IN WOOL

視野を拡げることより、
今はむしろ逆に視野を
狭くした中で服をつくりたい。

かといってアンニュイというのではなく、
カラッとした気持ちいい感じに
持っていきたいと思う。

スパッツは生意気なヤツという意味だけど、
それぐらいの気合いでウールを
若い人の気持ちにぶつけてみたいと思う。

SPATS 斉藤 純

NEW WOOL 100%
はい、品質ですよ。
ウールマーク
国際羊毛事務局 IWS 東京都赤坂局区内

オッズオン IN WOOL

モデルのように
ピンピンにハンサムじゃなくて、
そうだなあ、牛のように
味のある人に着てほしい。
というのが僕の服なんです。

ウールって、そういう温かみの伝わる
素材だし、僕自身もウールが好きだから、
いい感じになれると思う。

服を作るがわと着る人が、
ウィンクしあうような服が目標です。

odds on 小野塚秋良

NEW WOOL 100%
はい、品質ですよ。
ウールマーク
国際羊毛事務局
IWS
東京都赤坂局区内

グラス・メンズ IN WOOL

ウールコーデュロイに
挑戦してみました。

素材としては難しいんですが、
カッティングのいろいろな含み技を入れて、
とこまでこなせるか懸けてみたんです。

で、思ったよりもなしみやすく、
あっいいな、という感じになって。
街で着るウールとしては重たくなくて、
かなり評判がいいんです。

GRASS MEN'S 斉藤 純

NEW WOOL 100%
はい、品質ですよ。
ウールマーク
国際羊毛事務局 IWS 東京都赤坂局区内

Jean Paul GAULTIER
デザイン発想6 アヴァンギャルドなイメージの浸透

J.P.ゴルチエの前衛都市のファッション → 女性の内面の美の表現 → 演劇的空間のファッション性

デザインの発想には、論理的思考と感覚的思考の両方が必要だが、機能を伝える場合とイメージを伝える場合とでは、最初のステップからその比重が変わってくる。J.P.ゴルチエの仕事では、感覚的思考が求められた。ゴルチエのその年のファッションテーマを核に、独自の世界観をつくらなければならない。アートディレクターの感性が重要な鍵を握る。

私は若い頃から興味を持っていた心理学的な目線を、広告に持ち込もうと企てた。女性の深層に触れる表現によって、アヴァンギャルドで強烈な世界観をつくり上げ、他のファッション広告とは違う存在感を持たせたかった。社会的な女性観を色濃く打ち出したり、特異なライフスタイルを持ち込んだりするそれまでのファッション広告と一線を画すことが狙いであった。

これらはCPR片山弘毅、CD/C田村義信、FD/PL吉田博昭との共同作業だ。コピーは、オーソドックスなイメージのあるオンワードの中では異文化に近いゴルチエの存在を「犯罪である」と表現し、今までにないファッション広告の文体を確立させた。CFもまた特異なテイストを求め、企画段階で、鬼才と呼ばれた吉田から学生の映画研究会でつくられるような8mm映画のテイストで表現したいと話があり、ドキュメンタリータッチ好みの私と、意気投合した。グラフィックとは異次元の表現でありながら連動感を持つという刺激的なメディア展開となった。P/CAは大西公平。女性の心理に迫った写真はゴルチエ固有の世界をつくった。

□最初のスケッチでは、心理劇のイメージを根底において、小劇場の舞台に立つ女の複雑な内面の世界を描いた。

Onward
Fashion-Being
Jean Paul
GAULTIER

オンワード樫山
ゴルチエは、オンワードの犯罪である。

Onward
Fashion-Being
Jean Paul
GAULTIER

オンワード樫山
ゴルチエは、オンワードの犯罪である。

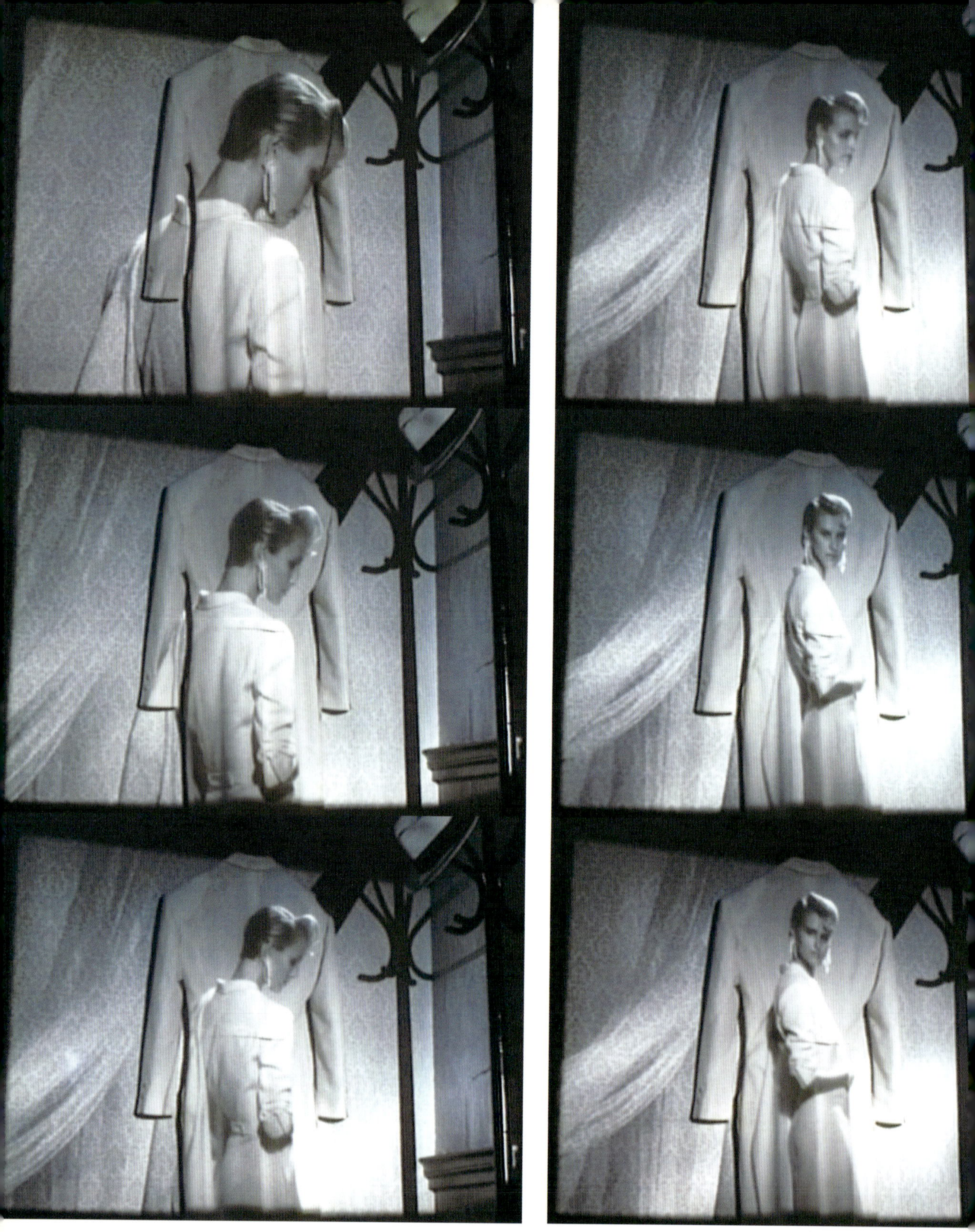

48. Jean Paul GAULTIER/
春クラシック篇

NA/S：
Jean Paul GAULTIER
Onward
CI

49. Jean Paul GAULTIER/
マリーン足篇

NA/S：
Jean Paul GAULTIER
Onward
CI

50. Jean Paul GAULTIER /
トレンチ篇

NA：
一人、また一人
NA/S：
Jean Paul GAULTIER
Onward
CI

□ 51. 52. それまで黒を基調にしてきたゴルチエの服が、突然色彩豊かになった。心理描写の方向は変えず、新たに、色彩が本来持っている心理的な「意味」を、グラフィックイメージに込め、モデルの背景に構成してデザインした。

□ 53. 54. は、男と女の微妙に揺れ動く、心理的な駆け引きを表現した。

□ コピーは、ゴルチエの服を着る心情を語る方向に転換し、広告のエンターテインメントの幅を広げて痛快だった。

Jean Paul
GAULTIER
正しいことをすると、あとで気分のいいものなんだ。と、ヘミングウェイ
おじさんが言いました。でも、悪いことしても、気持のいいことだって
ある。そりゃ、おまわりさんがダメよ、とのたまうことはしてはいけま
せん。つまり、お母さんやお父さんが顔をしかめるくらいの悪いことは、
これはもう、女が正しく成熟しているショウコなんです。ジャンポール・
ゴルチエ、オンワード。
オンワード樫山
お問い合わせは 〒108東京都港区海岸3-14-11
樫山株式会社・消費者室 TEL.(03)455-3111
品行方正は、しくじるよ。ゴルチエ

Onward
Fashion-Being
Jean Paul
GAULTIER
うら若い女の心ときたら、ルージュの色ひとつ、剥げかけた小指のマニキュアひとつで、キラキラしたり、イライラしたり。ほんのささいなことで、まるで魔法でもかけられたように揺れ動くのでございます。それが、こんなに大胆な服を着たりすると、どうなるのでございましょう。
この色使い、この柄使いは、もう魔法使いでございます。ジャンポール・ゴルチエ、オンワード。
オンワード樫山
お問い合わせは 〒108東京都港区海岸3-14-11
樫山株式会社・消費者室 TEL.(03)455-3111
これが、魔法というものさ。ゴルチエ

Onward
Fashion-Being
Jean Paul GAULTIER
お上品ぶるの、よそうね。ゴルチエ
若い尼僧が、つとかがんでストッキングを直している写真や、王女のスカートを悪戯な風がフワッとまくりあげている写真は、さて、下品でしょうか。ゴルチエは、クスッと笑い、首を横に振りながら答えました。とても下品なのは、ほんとうは上品でない人が、上品ぶることなのですよ、と。
オンワード樫山
お問い合わせは 〒108東京都港区海岸3-14-11
樫山株式会社・消費者室 Tel.(03)455-3111

Onward
Fashion-Being
Jean Paul
GAULTIER
シャッポ、脱ぐよ。ゴルチエ
ウインクのひとつもすれば、男なんて虫っけら同然。と、自信まんまんの女ならともかく、近頃の男たちは、みょうにませているから、お姉さんがほのめかす忠告に耳を傾けても、うまく行かない。まいった、負けた、と男を降参させる最新のテクニックはいかがなものか、ゴルチエに聞いてみよう。
オンワード樫山
お問い合わせは 〒108 東京都港区海岸3-14-11
樫山株式会社・消費者室 Tel.(03)455-3111

SUNTORY Whisky ELK
デザイン発想 7　ライトウイスキーの開発

ボトルデザインとラベルの開発

自然回帰の広告表現

森のイメージによる商品アイデンティティの創造

サントリーから新しいウイスキーが出ることになった。カナディアンタイプのライトウイスキーだ。この新製品のロゴデザイン、ボトルデザイン、ラベルデザインから広告展開までを担当することになった。

すでにELK（ヘラジカ）というネーミングは決まっていた。森のイメージが全体のキーコンセプトとなった。自然回帰の考え方は、いつの時代にも普遍的なテーマである。森の音が優しく響くようなデザインをと願った。ウイスキーを飲む時に、その味わいとボトルとラベルのデザインが一つになって、今ある空間から違う次元へと世界を変えることができれば素晴らしい。

「森の空気を吸うように飲み、森の水を味わうように飲む。森のラベルと話をしながら、今宵もエルクを」と書かれた雑誌広告のコピーは、このウイスキーのすべてを語っている。

これらは、CD/C長沢岳夫の自然志向への強い想いから始まった。CFのFD/PLは関谷宗介。ラベルのデザインを直截に映像化するクリエイティブは、グラフィックが与えるイメージとは別のエンターテインメント性を持った。P/CAは大西公平。自然派フォトグラファーのカメラアイが活きた。

□ グラフィカルで男っぽさの中に、優しさを漂わせるようなロゴデザインにしたかった。ヘラジカが、すくっと立っているイメージだ。「E」の文字の一部をカットすることで、「ELK」の文字を変身させた。元の書体が持っている本来の良さを損なわないで、デザインすることを心がけた。

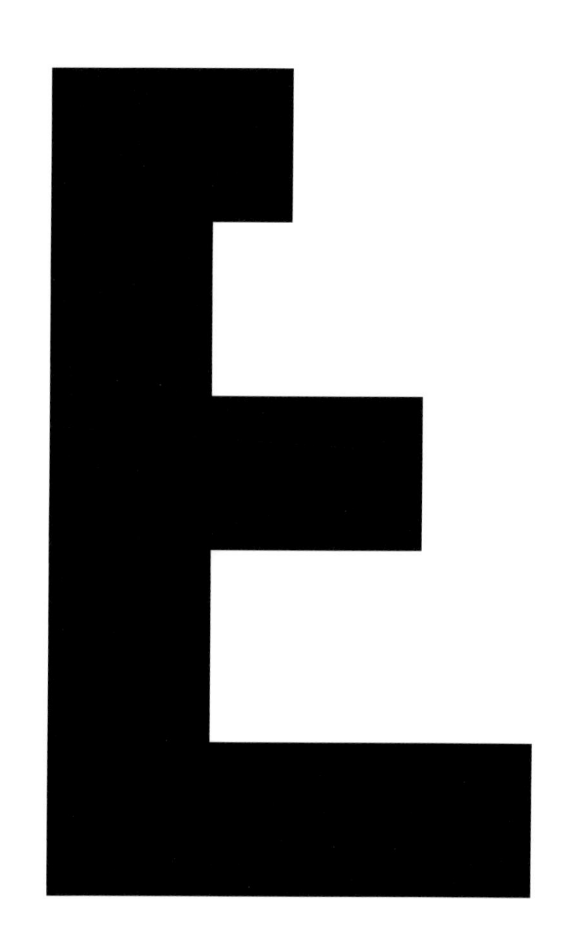

L K

STELCAP
SUNTORY WHISKY
A FINE WHISKY, CRISP AND MELLOW AS FOREST AIR.
ウイスキー1級
E L K
A FINE WHISKY, CRISP AND MELLOW AS FOREST AIR.
SUNTORY WHISKY
BLENDED AND BOTTLED BY SUNTORY LIMITED PRODUCT OF JAPAN
Red Squirrel
Very active just after sunrise and just before sunset. Buries food in ground.
Great Horned Owl
Lives in forests, deserts, open spaces. Lays 2 or 3 eggs in winter, usually in old crow or hawk nest. Call is a distinctive *hoo, hoo-hoo.*
Chum Salmon
Spawning season begins in July when fish swim upstream to breed. Males develop characteristic hooked jaws and large teeth.
Frosted Hawthorn
Seeds spread by birds and deer. Thorny, zig-zagging branches protect seedlings of other species.
Golden Eagle
Wingspan of 7½ feet. Lives in remote mountain areas, tundra, desert. Preys on small mammals.
Pin Cherry
Also known as Fire Cherry. Variable habitat. Often found in burned-over areas. feet tall, typically shrub-like.
Rainbow Trout
A beautiful fish, known for its fighting spirit. Few natural breeding grounds. Name comes from rainbow-like stripes on sides. Color varies greatly.
Hairy Woodpecker
Male performs mating "serenade" in spring by pecking on large branches. Echo can be heard for up to 1½ miles.
Beaver
Builds dam of mud and branches to protect nest. Famous for hard work, as in "work like a beaver."

□ ボトルのデザインは、首を長くすることで、キャラクターを持たせた。ウイスキーが注がれる時、この首の長さがトク、トク、トクと、おいしそうな音を出す効果を発揮した。ここではサントリーデザイン部のAD大門敏彦の助言が心強かった。森のイメージから迷いなく、森に棲む動物や植物を、ラベルのモチーフに考えた。さらに、図鑑のテイストを持ち込んで、森の知識を感じさせることが、ウイスキーの味を深める、と想像した。

□ 雑誌広告では、人肌を感じさせる森の生活のシーンで、ボトルの存在感を示した。

Red Squirrel
Very active just after sunrise and just before sunset. Buries food in ground.

Great Horned Owl
Lives in forests, deserts, open spaces. Lays

Frosted Hawthorn
Seeds spread by birds and deer. Thorny, zig-zagging branches protect seedlings of other species.

Rainbow Trout
A beautiful fish,

Hairy Woodpecker
Male performs

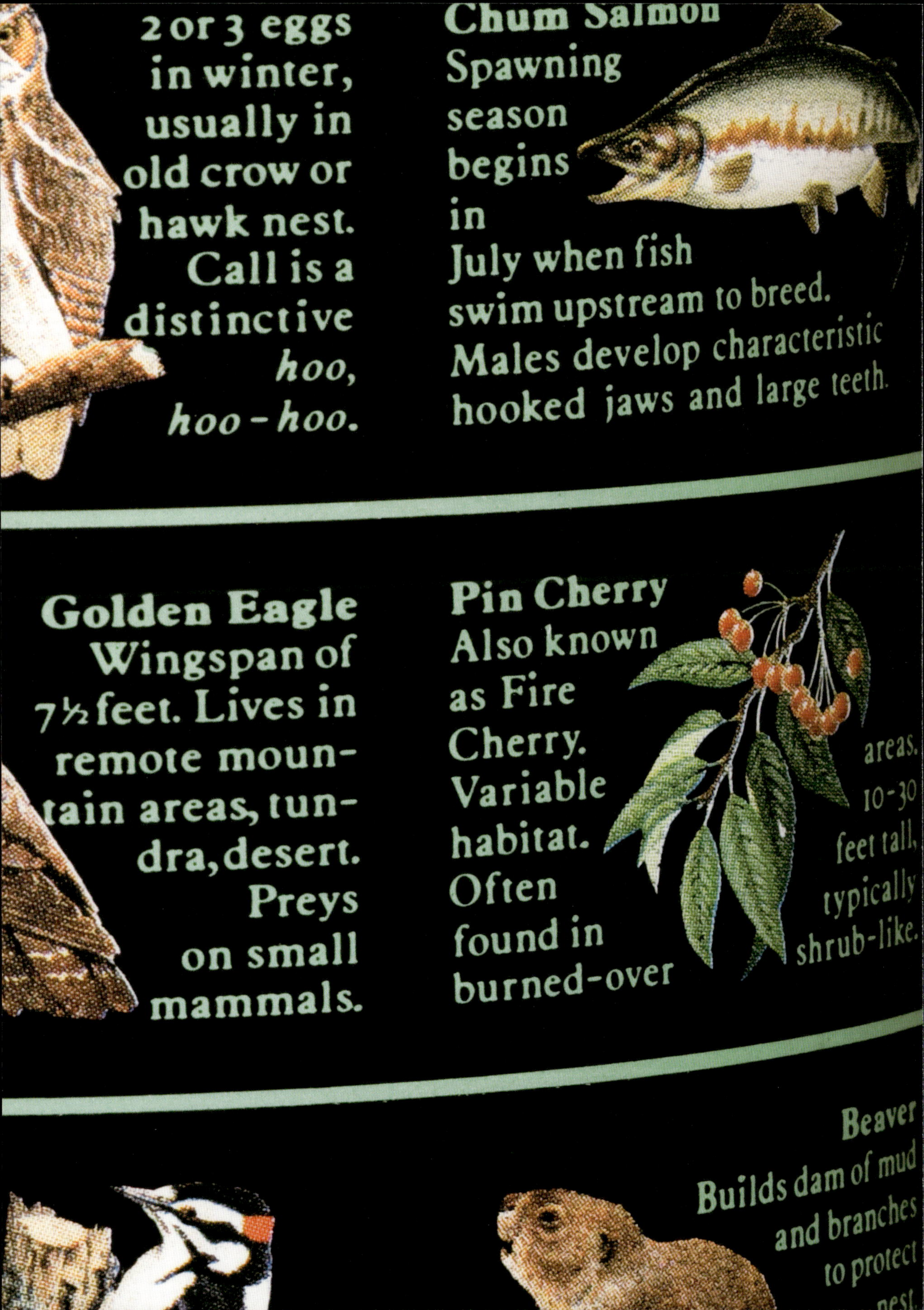
2 or 3 eggs in winter, usually in old crow or hawk nest. Call is a distinctive *hoo, hoo - hoo.*
Chum Salmon
Spawning season begins in July when fish swim upstream to breed. Males develop characteristic hooked jaws and large teeth.
Golden Eagle
Wingspan of 7½ feet. Lives in remote mountain areas, tundra, desert. Preys on small mammals.
Pin Cherry
Also known as Fire Cherry. Variable habitat. Often found in burned-over areas. 10-30 feet tall, typically shrub-like.
Beaver
Builds dam of mud and branches to protect nest.

Green Thumb
グリーン・サム

その人が種をまいたり、植物を植えたりすると決して枯れることなくスクスク育つ。外国では、その人はグリーン・サム（緑の指）を持っていると表現します。自然に愛情を持ち自然界に敏感で、自然と一体になれる才能。もともと、人間も自然の一部なのですから、誰でも持っている才能とも言えるでしょう。グリーン・サムは、自然を愛する人のシンボル。あなたは、グリーン・サムをお持ちですか。緑の指に、エルクは乾杯します。

自然に敏感な人を、グリーン・サムという。

未成年者の飲酒は法律で禁じられています。
ELK

エルクは森で育ちました。寒い大地に実ったライ麦は蒸留された後、森の濃い空気をたっぷり吸いながら、樽の中で成熟を待ちます。もちろん、手の切れるような森の水も、エルクには欠かせません。ライ麦のデリケートな風味。エルクは味のウイスキーの主張を持っています。口に含んだときの味の充実感は、ウイスキーを知っている方なら、ピンと来ると思います。なめらかな喉ごしも、ある種の品を感じさせます。ナチュラル＆マイルド。新しい価値の発見がある新しいウイスキー。エルクの森を、ごゆっくり散策してください。

森がつくったウイスキー

サントリーウイスキー エルク

（ライ麦のデリケートな風味）

新発売 2,000円 720ml（標準的な小売価格）

製造・販売 サントリー株式会社

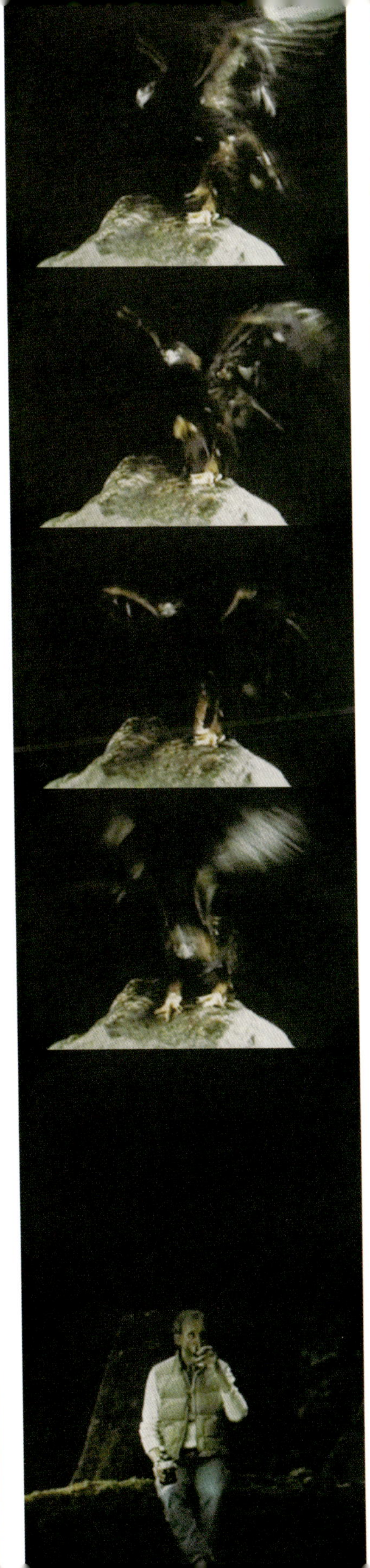

58.　ELK

SE：
森の動物たちの奏でる音
NA：
「自然に敏感な人を
グリーン サムという」
S：
Green Thumb グリーン サム
S：
ナチュラル＆マイルド
NA：
森がつくったウイスキー、
エルク、新発売

COMME ÇA DU MODE

デザイン発想8　ファッション広告をヒューマンに

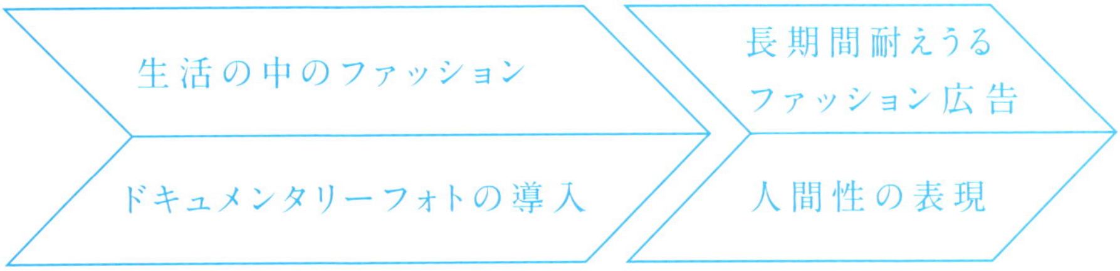

3年間使用できるファッション広告を、という依頼を受けた。流行に左右されない広告、ということになると、服を中心にビジュアルを設計するわけにはいかない。服よりも人間が主役になるヒューマンな匂いの強いものがいいのではないか。そこで、いつか試みたいとずっと思っていたドキュメンタリーフォトのタッチでいこうと思った。この時点で、他と違うファッションの世界がつくれるという確信があった。ただし気をつけなければならないのはヒューマンに溺れて、骨のない写真になってしまう危険性を回避しておくことだ。情感に加えて、構成による力を重視する写真でなければならない。

テーマをクリアするためには、どうしてもP操上和美の写真が必要だった。COMME ÇA DU MODEのために撮影されたこれらの写真群で、写真集が編まれたら素敵だと思った。CD/Cは西村佳也。「自分服。家族服。」は、服がメインではないファッション広告を成立させるためにも必要なコピーワークだった。

□ メインビジュアルに父と子の愛情溢れるキスシーンをスケッチで描いた。当時すでに、ニュースなどで父親と子供の関係が疑問視される風潮があった。このビジュアルを通して家族愛の重要性を訴えることで、広告が社会性を帯び、共感性の強いものになると考えた。

□ 撮影現場で、父親がキスしようとしても赤ちゃんは嫌がり、とうとう泣いてしまった。そこをすかさずシャッターがとらえた。どうもヒゲが痛くて泣いていたようだ。出来上がった写真は、赤ちゃんの涙の粒が不思議とリアリティを与え、さらに中身の濃いビジュアルになった。この写真による広告は3年という条件を超えて、その後10年以上使用された。

□「父親と子供」「家族」の2タイプでB倍ポスターがつくられ、さらに56ページの写真集に近い冊子がつくられた。次ページから続く写真はその一部である。

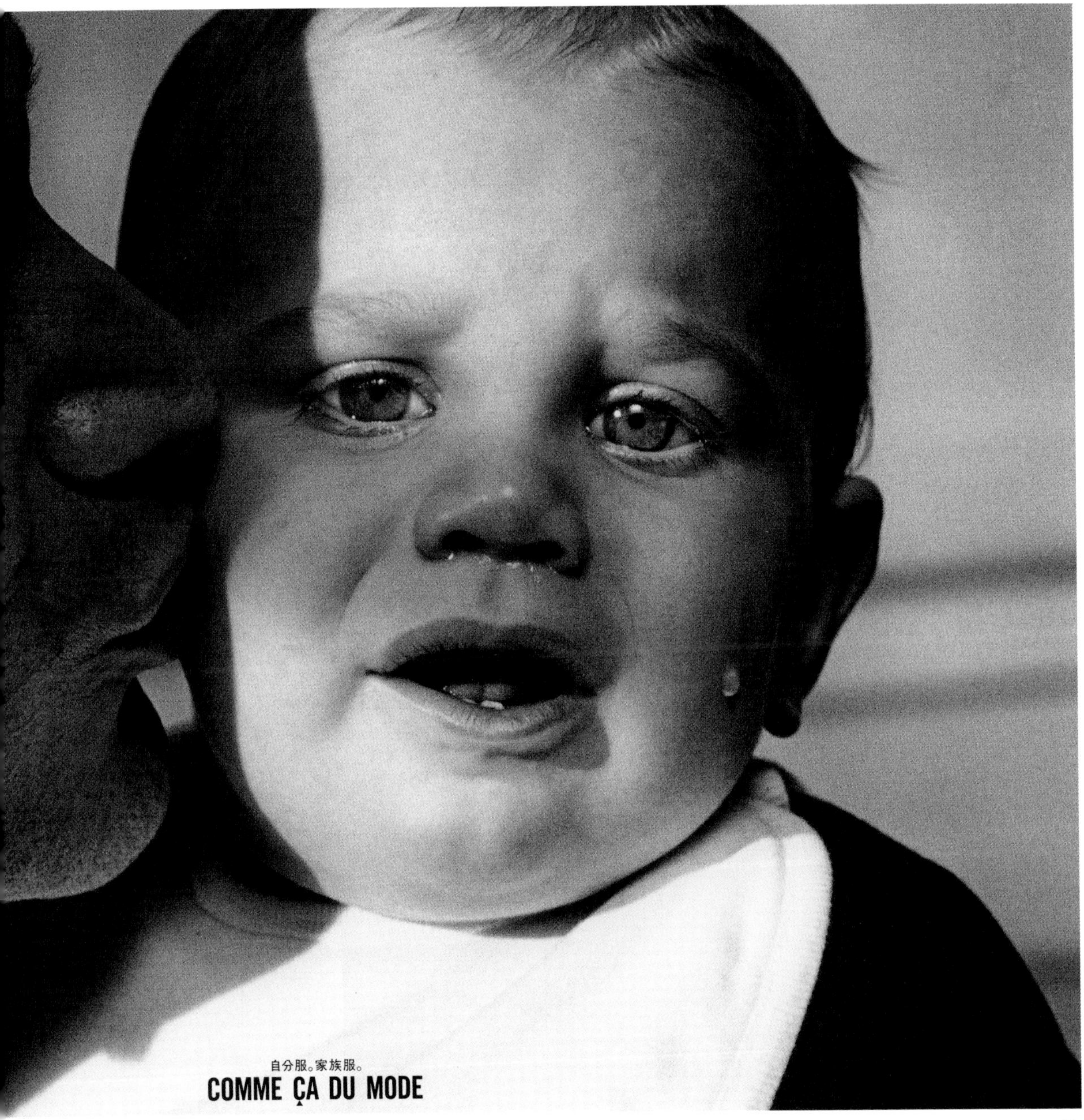
自分服。家族服。
COMME ÇA DU MODE

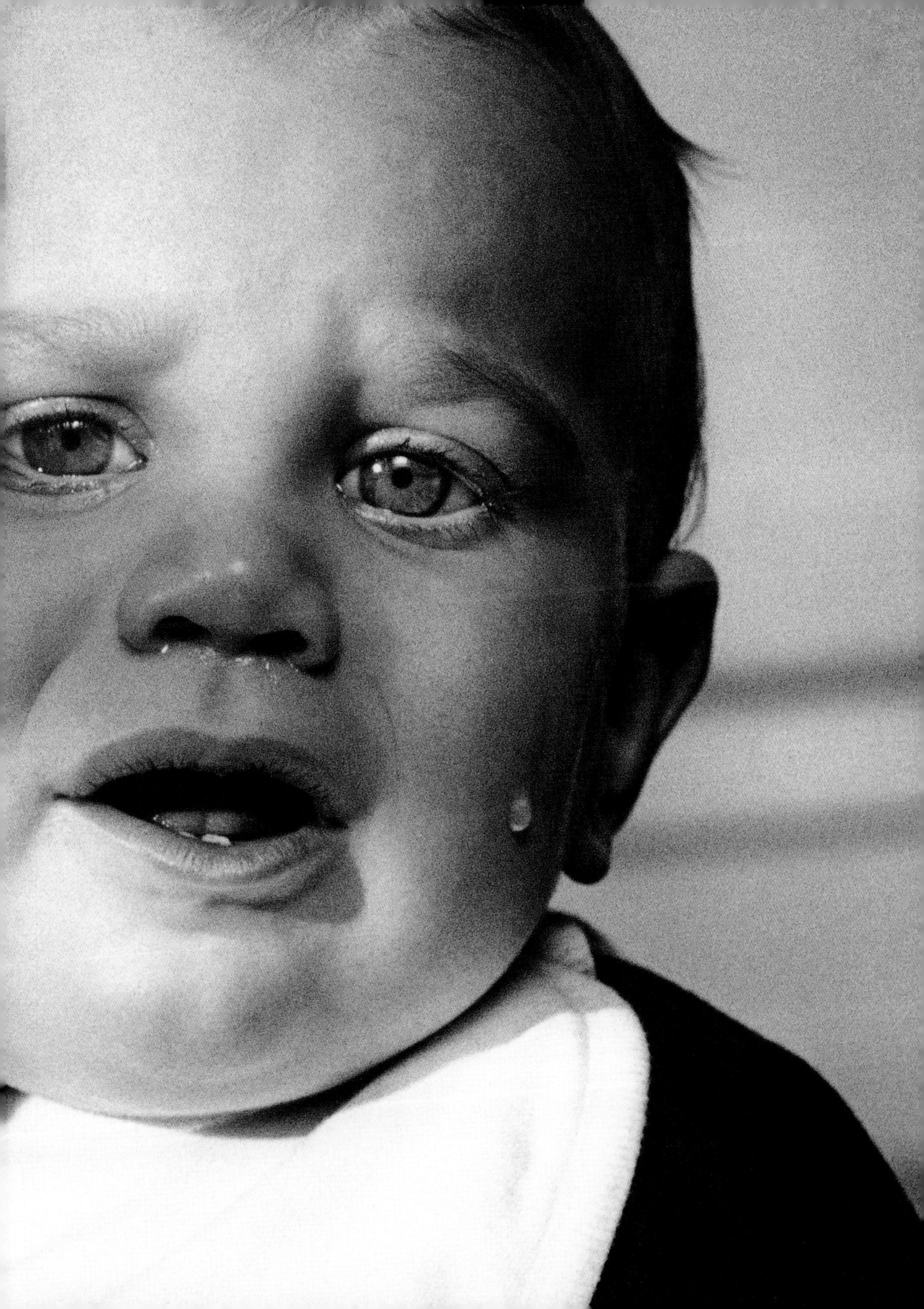

ISETAN

デザイン発想9　社会への発信

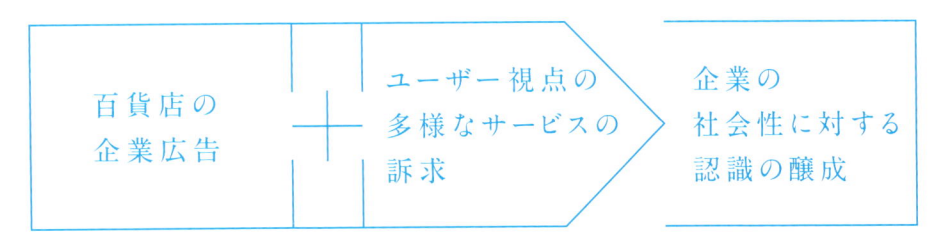

百貨店の企業広告 ＋ ユーザー視点の多様なサービスの訴求 → 企業の社会性に対する認識の醸成

これは伊勢丹の、ユーザー視点に立ったサービス広告。お客様と店員のコミュニケーションを中心に、すでに実施しているサービスやこれから始めるサービスの中からいくつかのテーマを選んでいる。

百貨店の広告は、商品が主役であったり、時代の空気をとらえたイメージ広告であったり、催事のお知らせ広告であったりするのが普通で、こういう企業努力をテーマにした広告は珍しい。しかし百貨店のブランド構築のためには重要な役割を持った広告と言っていいだろう。企業の姿勢をしっかりとベースに据え、社会との接点をどう考えていくかが大事なポイントになってくる。

CD/Cは土屋耕一。本書で紹介する作例では私自身がADでありCDでもあることが多く、企画から参加し、いっしょに作業するケースがほとんどなのだが、この仕事では、企画が出来ている状態からの参加だ。ダーマトグラフやクレヨンで描かれた土屋のスケッチは、とても味わい深いものがあり、イメージを喚起させるものだった。

□ 69.は伊勢丹の幾つかのサービスの中の、手話ができる店員の方が57人いることを伝えたものだ。作例6.「ウールカーペットをもっとも必要とする人たち。」で「社会への発言ができることに仕事への大きな価値を感じることができた」と述べたが、この広告では、伊勢丹の事実を知らせると同時に、サービス業すべての人々に対して、体の不自由な人への配慮あるサービスが望まれていることも、伝えることができたと思う。

□ 70.は外国のお客様が多くなってきたことに対して、伊勢丹の取り組みを伝えたもの。伊勢丹新宿店の建物が、以前からニューヨークの5番街にあるような錯覚を覚えていた私は、外国人の家族が店の前に立つビジュアルでイメージをつなげた。

□ 71.は、伊勢丹が雨の日にいかに素早く対応しているかを伝えた広告。「ラッピング・イン・ザ・レイン」は、そのシンボルだ。

□ 69.P富永民生、両手へのライティングがメッセージを的確にした。70.P八十島建夫、日差しを浴びた伊勢丹を5番街のように撮ってくれた。71.P上田義彦、水滴に覆われたラッピングを情感豊かに表現した。

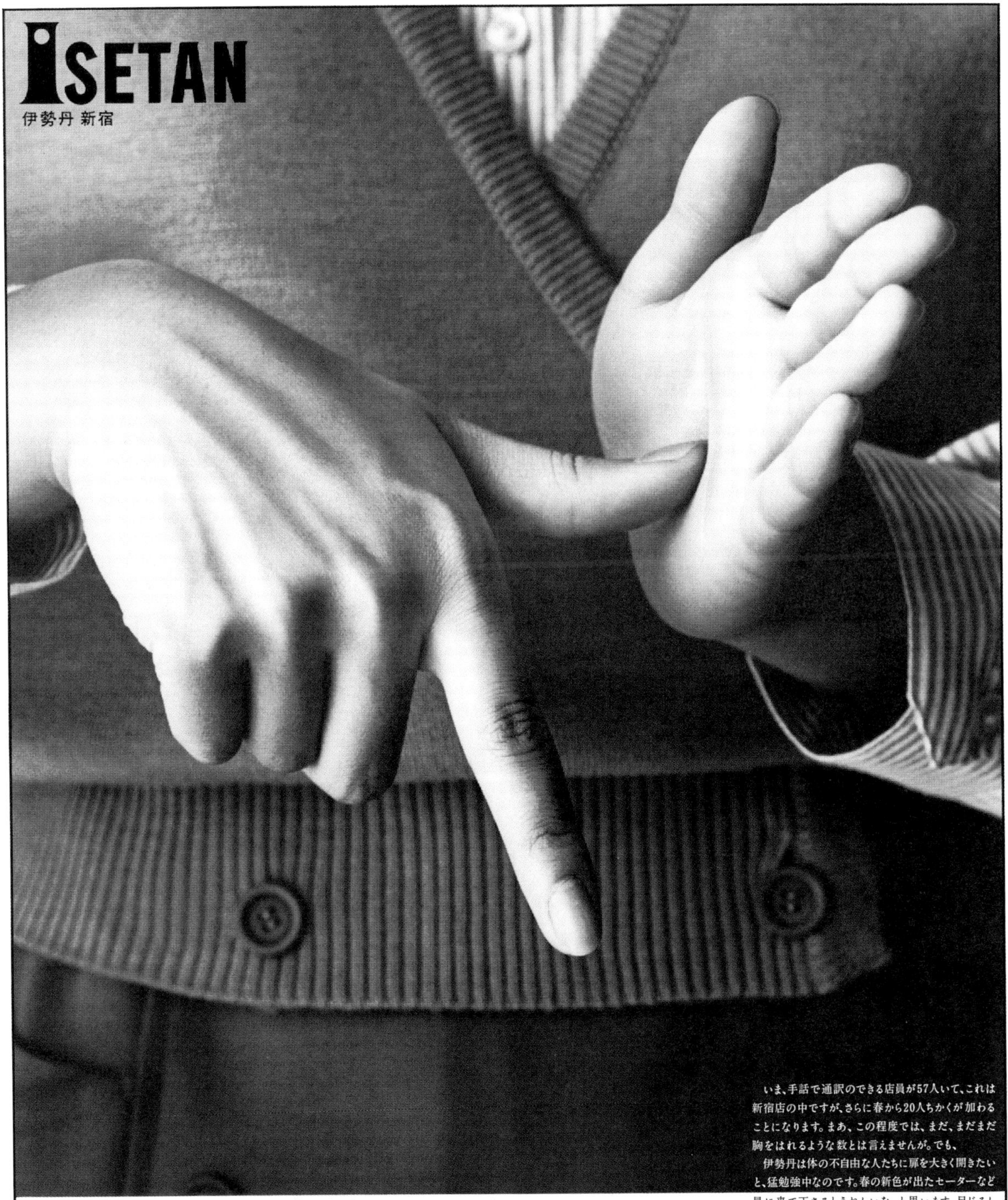

手話のできる店員が、57人

いま、手話で通訳のできる店員が57人いて、これは新宿店の中ですが、さらに春から20人ちかくが加わることになります。まあ、この程度では、まだ、まだまだ胸をはれるような数とは言えませんが。でも、

伊勢丹は体の不自由な人たちに扉を大きく開きたいと、猛勉強中なのです。春の新色が出たセーターなど見に来て下さるとうれしいな、と思います。目じるしは胸につけたオレンジ色の手話バッジです。

また、目の不自由な方のお買物のお手伝いもいたしますので、ご連絡下さい。地階から7階まで全食堂に点字のメニューもあります。本館4階5階には車椅子専用のトイレも。おしまいに＝都の聴覚障害者連盟の前理事長さんて伊勢丹に勤めている人なんです。

電話 03(352)1111大代表/水曜は定休日です/営業時間10時～6時
3月より新宿店は、土、日曜、祝日とも夜7時まで営業いたします。

話セルネ、イセタン。

「トウキョウへ行ったら、まず見るべきもの、イセタン」という海外の声が、少しずつではあるが、聞こえてくるようになりました。うれしい。じつに、うれしい。もっとがんばらなくては、というわけで。

4月から「外国人専用カウンター＝I Club」を新設しました。本館5階です。そこに男女4人の外国人スタッフを置きました。1人が、約4、5ヵ国語は使いこなす、というから、びっくり。

また、日本のお客様にも「顧客サービス係」を配置しました。名前はすこしカタイけど、やさしい笑顔でカバーしますワ、と全館に約130名。サービスに専念するのが彼女たちの仕事です。どうぞよろしく。

さて、外国人専用カウンターでは、お買物の案内だけではなく、日本での衣食住あれやこれやのご相談も承りますから、お知り合いに外国の方がいらしたら、その耳にそっと「アイ・レコメンド・イセタン」という風に教えてあげて下さいね。サンキュー。

電話03(352)1111大代表/水曜は定休日/営業時間平日10時～6時
土、日曜、祝日は夜7時まで営業いたします。立川店は6時30分まで。

ラッピング・イン・ザ・レイン

お買物袋に、てきぱきビニールのカバーをかけていく店員に、お客様が、けげんそうな顔でおっしゃる「あら、どうかしたのかしら」——イセタンの答え「はい、いま雨が降ってきたものですから」

窓の見えない売場で、いったいどうやって雨を知るのでしょうか。とにかく、雨の知らせは、水が走り抜けるような早さで全館に伝わります。これです、名づけて、(ラッピング・イン・ザ・レイン)サービス。

傘を入れるビニール袋も、同時に、11ヵ所の入口に出ます。店内の湿度と、気温を、快適に調整する装置も、雨降りの日は大汗をかくことになります。傘をたたんで一歩イセタンへお入りになったお客様が「あ、涼しくて、うれしい」と言って下さるためにも。

さて、この雨の季節に早くもお中元のシーズンが開幕。雨ニモ負ケズのサービスを両手にいっぱい用意しました。まず、留守がちのお宅への配達は、時間帯を指定できる(モーニング便)と(イブニング便)をつくりました。また午前中に承ったら、その日にお届けする(トゥディ便)も張りきってスタンバイしております。そのほかにもユニークな便が何本もあります。パリのアパルトマンへだって水羊羹のお中元が送れるんですから、ぜひ、ギフトセンターで面白い話題を見つけてくださいね。では、結びの一言「そろそろ、イセタンのお中元が満開です」

伊勢丹でお中元

ISETAN

伊勢丹 新宿・吉祥寺・立川・松戸・浦和

電話03(352)1111大代表/水曜は定休日/営業時間平日10時～6時
土、日曜、祝日は夜7時まで営業いたします。立川店は6時30分まで。
7月は15日(水)まで、連日休まず夜7時まで営業いたします。

夏休み大好きバッジ

私の故郷は山に抱かれた町です
SUMMER 1987
私はオカルト映画に夢中です
SUMMER 1987
私はキャンプが大好きです
SUMMER 1987
UFOの存在を信じています
SUMMER 1987
かんたんな星座の覚え方おしえます
SUMMER 1987
SUMMER 1987
私の冷し中華は絶品ですよ
私は爬虫類にくわしい
SUMMER 1987
私は夏バテ防止の秘策をもっています
SUMMER 1987
私は日焼けの名人です
SUMMER 1987
私の故郷は海の見える町です
SUMMER 1987
私は金魚すくいの名人です
SUMMER 1987
私はラジオ体操皆勤賞でした
SUMMER 1987
私は学校が大キライでした
SUMMER 1987
やさしい絵日記の描き方おしえます
SUMMER 1987
お祭が三度のごはんより好き
SUMMER 1987
昆虫採集なら私は先生です
SUMMER 1987
私はもぐったまま25m泳げます
SUMMER 1987
私はスイカ割りの名人です
SUMMER 1987
こわ〜いお話してあげるね
SUMMER 1987
旅の話をするの大好き
SUMMER 1987

「コンニチワ」と言いたい気持が、言葉になると「まあ暑いわね」になってしまう。いよいよ夏。で、暑くなると張り切るのは、なにも子供たちだけじゃない。イセタンも、少年にかえり、少女になって。

あの、バッジを胸につけます。こんどは「夏休み大好きバッジ」というんです。遠い日の夏休みに身につけた特技や遊びが、いま役に立つなんて、と張り切るお兄さんやお姉さんが、お子さんたちを待っていますよ。

さて、夏休み中のイセタンのメインフロアは、なんといっても屋上です。大迷路、あるぞ。昆虫園、あるぞ。というわけで、一年に一度やってくるシーズンに夜も眠れぬ屋上くんです。また各階のレストランや喫茶店でも、子供用「夏休み大好きメニュー」を用意したそうですよ。さあ、どんなオイシサが待っているのかな。

「親と子が、どちらも、さほどガマンせずに揃って行動できる場所って、デパートのほかに、さ、どこがありますか」とは、イセタン鈴木部長の強気の談。

電話03(352)1111大代表/水曜は定休日/営業時間平日10時〜6時
土、日曜は夜7時まで営業いたします。立川店は6時30分まで。

ホッホッホ
ハッハッハ

©1987 T.J.D.

ISETAN
伊勢丹 新宿・吉祥寺・立川・松戸・浦和

SUMMER 1987
私の故郷は山に抱かれた町です
私はオカルト映画に夢中です
私はキャンプが大好きです
UFOの存在を信じています
かんたんな星座の覚え方おしえます
私の冷し中華は絶品ですよ
私は爬虫類にくわしい
私は夏バテ防止の秘策をもっています
私は日焼けの名人です
私の故郷は海の見える町です
私は金魚すくいの名人です
私はラジオ体操皆勤賞でした
私は学校が大キライでした
やさしい絵日記の描き方おしえます
お祭が三度のごはんより好き
昆虫採集なら私は先生です
私はもぐったまま25m泳げます
私はスイカ割りの名人です
こわ〜いお話してあげるね
旅の話をするの大好き
夏休み大好きバッジ
ISETAN
伊勢丹 新宿・吉祥寺・立川・松戸・浦和

□ 72.は夏休みのタイミングで店員の方が、自分の得意なことや不得意なことを胸に着けたバッヂで示し、お客様により近づこうという姿勢を示したものだ。ビジュアルは多摩美大時代からの親友である、イラストレーター湯村輝彦との共同作業だ。一枚の新聞広告に終わらず、バッヂをつくったり、ポスターをつくったりと、いわば「夏休みキャンペーン」のように拡がった広告だ。少しでもメディアを拡げることは、広告の力を強くする。

UFOの存在を信じています
SUMMER 1987
お祭が三度のごはんより好き
SUMMER 1987
私はもぐったまま25m泳げます
SUMMER 1987
私は金魚すくいの名人です
SUMMER 1987
私は爬虫類にくわしい
SUMMER 1987
私はオカルト映画に夢中です
SUMMER 1987
旅の話をするの大好き
SUMMER 1987
こわ～いお話してあげるね
SUMMER 1987
私は日焼けの名人です
SUMMER 1987
私は夏バテ防止の秘策をもっています
SUMMER 1987
私の故郷は山に抱かれた町です
SUMMER 1987
かんたんな星座の覚え方おしえます
SUMMER 1987

昆虫採集なら
私は先生です
SUMMER 1987

私は
スイカ割りの
名人です
SUMMER 1987

やさしい
絵日記の描き方
おしえます
SUMMER 1987

私は
ラジオ体操
皆勤賞
でした
SUMMER 1987

私は
学校が
大キライ
でした
SUMMER 1987

私の
故郷は
海の
見える
町です
SUMMER 1987

SUMMER 1987
私の
冷し中華は
絶品ですよ

私は
キャンプが
大好きです
SUMMER 1987

□ 73.はお買い物の途中でちょっと休みたくなった時のために、椅子を多く配したことを伝えている。I はスージー甘金、ふんわりとした雲を絵本の世界で描いてくれた。

□ 74.はデパートの大動脈である、エスカレーターの新型導入の告知。しかもグッドデザイン賞受賞の作品だ。I 湯村輝彦。

□ 75.は保冷用のトラックが導入されたことで、商品を冷やしたままでお届けできる時代になったことを知らせている。P 宍戸眞一郎、溶ける氷の早さとシャッターを押すチャンスとの競争だった。

ラグビーには、マホーの水がありますね。イセタンには、マホーの椅子があるんです。9月から売場に出します。いちど腰かけてみて下さい。で、坐ってみると。パッといいアイデアが浮かぶ人がいます「あ、このブラウスがあれば、去年のスカートが生きてくるわ」──またアレコレ迷う人には決断力が授かるかも「もう、ゼッタイ、こっちよ」──忘れものを思い出す人もいるでしょう「そうだ、下着買うんだったっけ」──

イセタンが命名した、このマホーの椅子。これらを本館3階に120ほど置いて。さあ、秋のイセタンはすっかりフロアのお化粧を新しくしました。

①華やかです。本当の生花もいっぱい。毎日がお誕生日といった眺めになりました②試着室もずい分増えましたから、平日ならいつだって「空室アリマス」です③花と、香りと、そして、おしゃれな和菓子を贈りましょうというギフトショップ「花香菓」が本館1階に④小さいことですが、オモチャ売場にお子様用のトイレなんかも出来ました。まだまだ、いろいろありますが。

天高く、見どころの多い9月のイセタンです。

電話03(352)1111大代表/木曜は定休日/営業時間平日10時～6時
土、日曜、祝日は夜7時まで営業いたします。立川店は6時30分まで。

ISETAN

伊勢丹 新宿

明日10日(木)午前10時。一新

これは
マホーの
椅子です

三菱電機株式会社
菱電サービス株式会社

エスカレーターだけ見るとデパート歩きは山登りに似ている

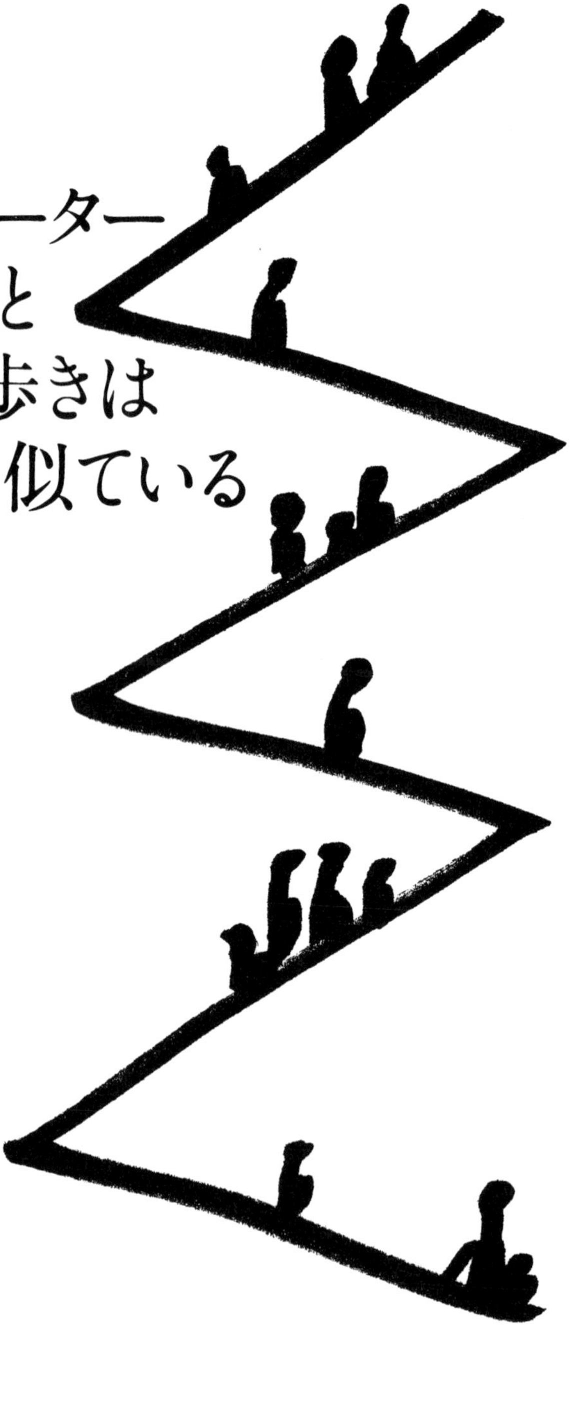

上って、下りて、また上って。デパートの中の人の動きはじつに複雑ですが、これも、エスカレーターという機械があって、はじめて可能になるのですね。そうです、エスカレーターとは、デパートの大動脈なんです。その、たいせつな動脈を、そっくり新型にとりかえました、というご報告です。

中央エスカレーター新装完成

まずはじめに、改修工事中はなにかとご迷惑をおかけしましたこと、深くおわびいたします。でも、もう大丈夫。昨日の朝から、最新型の三菱エスカレーターJS-Sが動きはじめました。この機種は、なにしろグッドデザイン賞を受賞した「作品」でもあります。その洗練された晴れ姿を、一日も早く見にきて下さい。

❶さて、イセタンの中央エスカレーターは、お客様で混む日曜日などは1日に3万人以上の方が利用されます。ピーク時の午後2時－3時には1分間に100人を越すとか。この数字を見ると、エスカレーターがいかにタフに働いているかがよく分かります。

エスカレーターのメンテナンス。つまり、管理と正しい運行、これもまた、イセタンの大切な仕事の一ツなのです。

❷中央エスカレーターからすこし離れて、明治通り側にもう一基、一人乗りの幅のエスカレーターが動いています。中央が混んでいるときは、こちらの存在を思い出して下さいね。

03(352)1111大代表/水曜定休/新宿店·吉祥寺店·松戸店は全館夜7時まで。立川店·浦和店は平日夜6時、土日祝は7時まで。

ISETAN
伊勢丹 新宿

お中元の
最先端は
冷めたい
イセタンの、クール宅急便
「ついにグルメ時代もここまで来たか」と騒がれている、ことしのお中元。とにかく、美味を贈るか、珍味を贈るか、といった世の中ですから。さあイセタンも、じっとしてはいられない。味覚の品ぞろえに世界中を走り廻り、そして、その配送のシステムを念入りに作りあげました。これが完備していないと、せっかくの美味が、とどけたくても、とどかない。と言うわけで、ことしイセタンがとくに力を入れた7つの配送ラインをご紹介しましょう。
❶クール宅急便——鮮度がイノチ、という商品、たとえばハム、チーズなどを冷蔵車でおとどけします。この便は、ことしのお中元の最先端を走るトラックになるでしょう。受付=あす9日より。配送地域=日本全国。ただし、一部の県で、配達できないところがあります。ごめんなさい。配送開始は、関東地方分6月10日から。その他の地方へは、7月1日から。
❷新鮮配送保冷便——保冷車を使って、お刺身や、フォアグラ、キャビアなどをおとどけします。配送地域は、ほぼ東京都全域ですが、二、三の遠い町は除かせて下さい。受付=あす9日から。6月16日から配送。
❸産地直送航空便❹産地直送宅急便——どちらも、産地で包装して出荷する名産品のお中元です。熊本県の車エビや神戸のビーフから、ハワイのパパイヤまで。なお、吉祥寺、立川、松戸の3店は、16日までのあいだ、ご注文は地階食料品売場で承っております。
❺モーニング便❻イブニング便——ご指定の時間帯に、おとどけする、という便です。モーニング便は、午前8時—11時に。イブニング便は午後6時—8時に。忙しいお宅への贈り物に、ぜひお役に立てて下さい。
❼トゥディ便——午前中に承った品物を、その日のうちに先方へおとどけします。ただし、地域が限定されています。ご承知おき下さい。
以上①から⑦までの便は、一部、送料は有料です。よりくわしいご説明はギフトセンターか食料品売場の係員まで。
あす9日㊍ギフトセンター、オープン
新宿店本館4階、浦和店6階(吉祥寺店、立川店、松戸店は16日㊍オープン)
ISETAN
伊勢丹 新宿・吉祥寺・立川・松戸・浦和
03(352)1111大代表/水曜定休/新宿店・吉祥寺店・松戸店は全館夜7時まで。立川店・浦和店は平日夜6時、土日祝は7時まで。

TOYOTA Windom

デザイン発想10 リアリティを狙った自動車広告

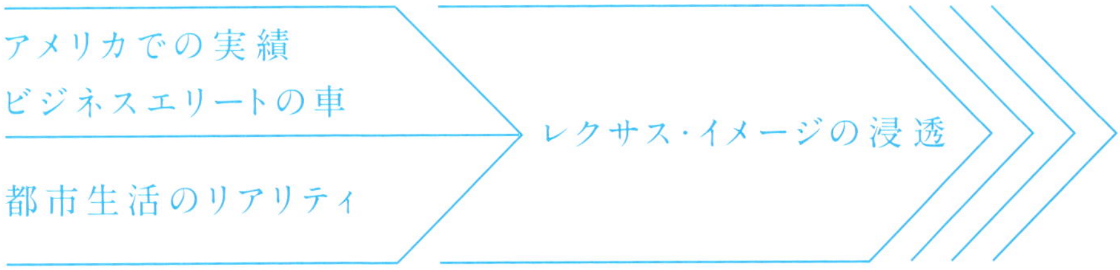
アメリカでの実績
ビジネスエリートの車
都市生活のリアリティ
レクサス・イメージの浸透

新しい車が登場した。「真のビジネスを目指す人たちの車」であり、「飾りを排した、シンプルで上質なデザインを欲する人たちの車」ということだった。この二つの考え方を一つに融合させることは難しくないと思えた。

トヨタは、アメリカでレクサス車を成功させていた。その中でウインダムはレクサスES300の名で評判となっていた。私たちはその事実を、そのイメージを、この車にうまく重ね合わせたかった。そして実際にアメリカのビジネスエリートが大都会でこの車を乗りこなしている事実を、リアリティのあるドキュメンタリーなタッチで伝えようとした。動的で生き生きとしたCFの映像は、この車の魅力を率直に再現する力強い実証広告となった。

CPR渡邊謙治、片岡祐次、CD/C岩崎俊一の共同作業で詰めていった。「LEXUS ES300日本名WINDOM」のシンプルなコピーフレームは、3代のモデルチェンジまで続く骨格となった。CFでは、ドキュメンタリータッチで表現力のあるFD/PL原賢司とCA清家正信の存在が大きかった。

TOYOTA
TOYOTA
9月7日、実業家デヴィット・ロス、
レクサスES300を購入。
LEXUS ES300(米国仕様車)

76. WINDOM/
デヴィット・ロス篇

NA/S：
9月7日、実業家デヴィット・ロス、
レクサスES300を購入。
S：
LEXUS ES300
WINDOM
NA/S：
日本名WINDOM誕生
NA：
これがワールド
プレステージクラス。
NA/S：
Are you WINDOM?
CI

TOYOTA
GARDEN CITY
Athletic Club
9月14日、脳外科医ジョージ・トーマス、
レクサスES300を購入。

77. WINDOM/
ジョージ·トーマス篇

NA/S：
9月14日、脳外科医ジョージ·
トーマス、レクサスES300を購入。
S：
LEXUS ES300
WINDOM
NA/S：
日本名WINDOM誕生
NA：
これがワールド
プレステージクラス。
NA/S：
Are you WINDOM?
CI

TOYOTA
TOYOTA
TOYOTA
TOYOTA
エール大学 法学部
エール大学 法学部教授
ジェド・ルー
エール大学 法学部教授
ジェド・ルーベンフェル
エール大学 法学部教授
ジェド・ルーベンフェルドの車
エール大学 法学部教授
ジェド・ルーベンフェルドの車。
エール大学 法学部教授
ジェド・ルーベンフェルドの車。
エール大学 法学部教授
ジェド・ルーベンフェルドの車。

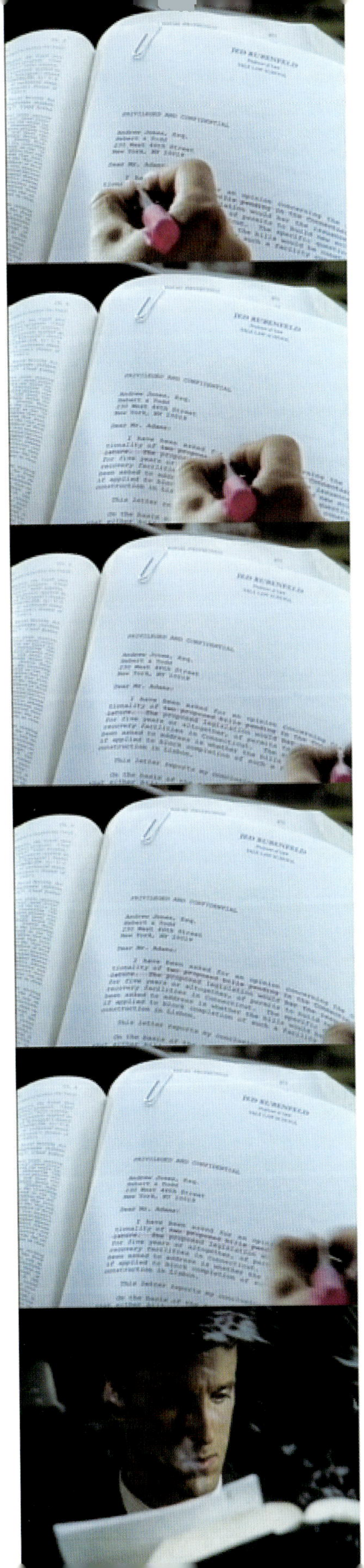

78. WINDOM/
ジェド・ルーベンフェルド篇

NA/S：
エール大学 法学部教授
ジェド・ルーベンフェルドの車。
NA/S：
LEXUS ES300
日本名WINDOM
NA/S：
Are you WINDOM?
S：
これがワールド
プレステージクラス。
CI

TOYOTA
TOYOTA
TOYOTA
TOYOTA
TOYOTA
マサチ
マサチューセッツ
マサチューセッツ工科大学
メ
マサチューセッツ工科大学
メディアラボ客員研究員
マイケル・シュレーグ
'96イヤーモデルに乗る。

79.　WINDOM/
マイケル・シュレーグ篇

NA/S：
マサチューセッツ工科大学
メディアラボ客員研究員
マイケル・シュレーグ
'96イヤーモデルに乗る。
NA/S：
LEXUS ES300
日本名WINDOM
NA/S：
Are you WINDOM?
S：
これがワールド
プレステージクラス。
CI

JR東日本ビューカード
デザイン発想11 ブランディングデザイン

交通機関のカードコンセプト ｜ ネーミング・CI戦略・広告へ

一貫したブランド構築

国鉄がJR東日本へと民営化されて、初めてのクレジットカードをつくることになった。民営化された業態として、クレジットカードは欠かせない存在であり、そのブランドを構築する考え方や、ビジュアルの効果は、その後のJR東日本のイメージ醸成に大きな役割を担っていた。

カード会社や銀行などの金融系カード、百貨店や飲食店のカードなど、様々なカードがある中で、毎日使用される交通機関の出すカードはどうあるべきかあれこれ思い悩んだ。鉄道としての「景観」、業態の拡がりとしての「視野」の意味を込めてネーミングは「VIEW」を選び、カード名を「ビューカード」とした。マーク案、ロゴタイプ案を様々な角度から検討した結果、最終的にマークとロゴが一体化したものをデザインした。ここから、カードフェイスのデザイン、CI計画、TVCF、ポスター、新聞広告などすべての展開が始まった。

CD/Cの西村佳也は広告制作から参加した。いわば第3のカードとしての位置づけから、ターゲットを強く意識した「電車に乗る人は、持ってた方がいい。」というコピーが生まれ、その結果ビューカードは、通勤や旅行、出張などのシーンに強いというポジションに立った。

□ JR東日本に新しいイメージを付加する重要なロゴマークとして、品位と同時に、ターゲットを拡げる柔らかさや、新しさが、共存すべきだと考えた。ニュートラルなゴシック体の大文字に、「E」だけ小文字の「e」を使い、鉄道のメタファーとして「I」を2本のラインで表現した。使用する英文字は、Avant Garde Gothic Condencedからリデザインし規定した。次ページからの展開は、書体の選定、ロゴマーク化されたデザイン案、決定までのプロセス、書体のファミリー、その使用方法を示したものだ。

e w

View	View	View	view
View	View	View	View
V·I·e·W	View	View	View
View	view	View	View
View	View	View	View
View	View	View	VIEW
View	View	View	View

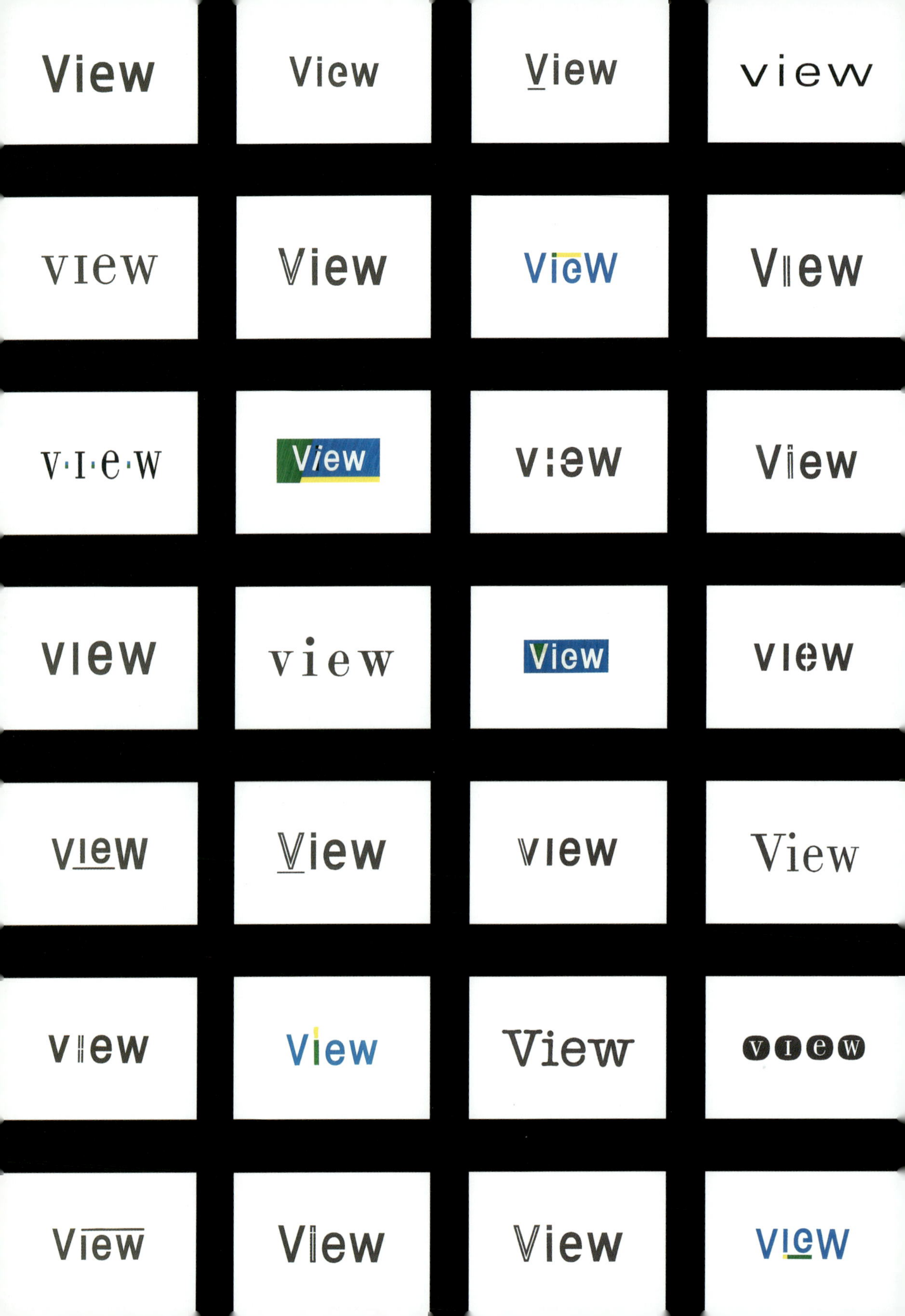

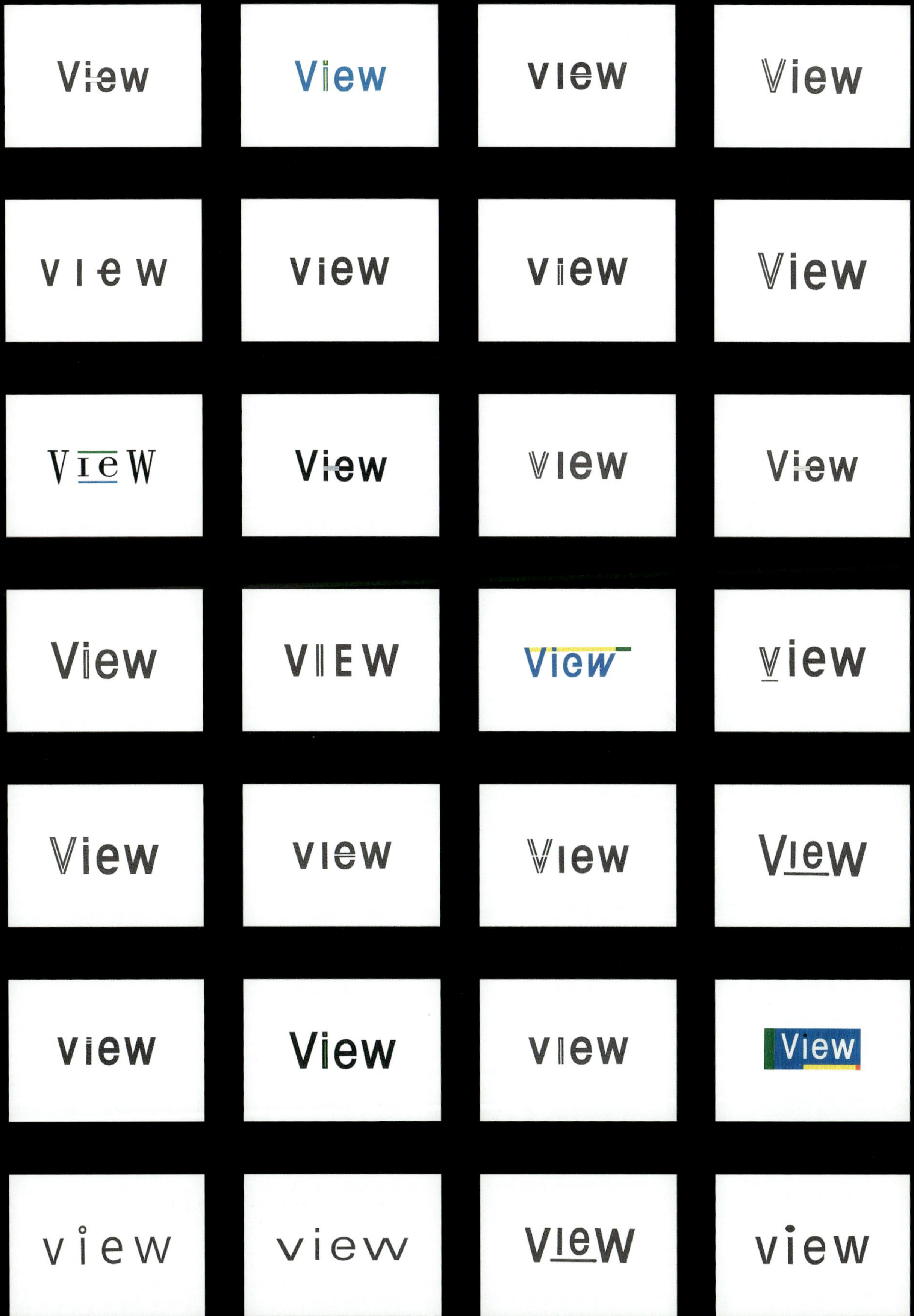
View
View
view
View
v I e w
view
view
View
VIeW
View
vIew
View
View
VIEW
View
view
View
vIew
View
VIew
view
View
vIew
View
view
view
VIew
view

VIEW

VIEW

view

view

view

ABCDeFG

HIJKLMN

OPQRSTU

VWXYZ&

12345678

90¥$£|!?

[()]*.,:;'-"—/%

VIEW CARD CENTER

VIEW CASH IN

VIEW THANKS PRESENT

VIEW'S NEWS

VIEW CARD-TICKET CLUB

VIEW COUNTER

view
CARD
view CARD

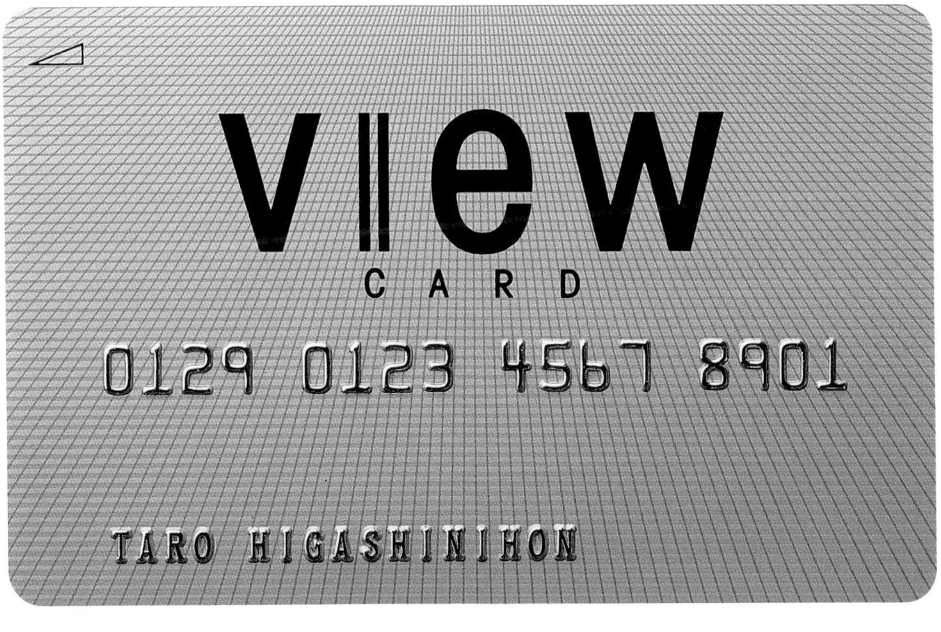
view
CARD
0129 0123 4567 8901
TARO HIGASHINIHON

DIC181（C90％＋M30％）

DIC2561（C90％＋Y90％）

BL100％

view
CARD

□ カラー計画は、イメージ醸成を多様な場面で展開していくために、とても重要な要素だ。面積が大きいときも、小さいときも、同じ印象を与えなければいけない。JR東日本のコーポレートカラー、グリーンをベースに、これから拡がっていく新しい業態のビジョンを示唆するために、意味として、先進性と知性を感じさせるブルーを選んだ。

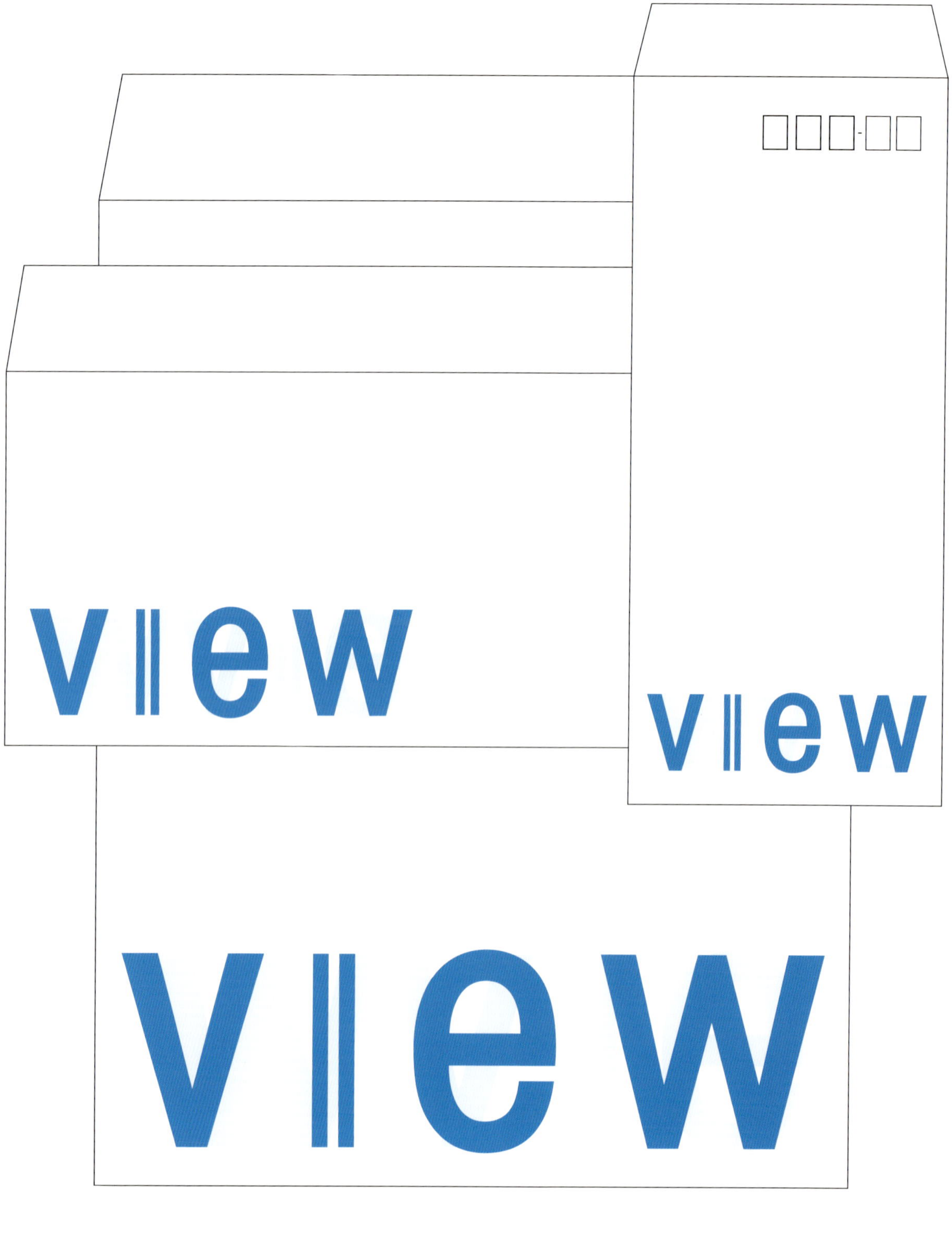
view
view
view

view
ビューカードセンター
〒100 東京都千代田区有楽町2-10-1
TEL(03)3217-1235
東日本旅客鉄道株式会社
view CARD center
2-10-1 YURAKU-CHO, CHIYODA-KU, TOKYO 100, JAPAN
TEL (03) 3217-1235
EAST JAPAN RAILWAY COMPANY

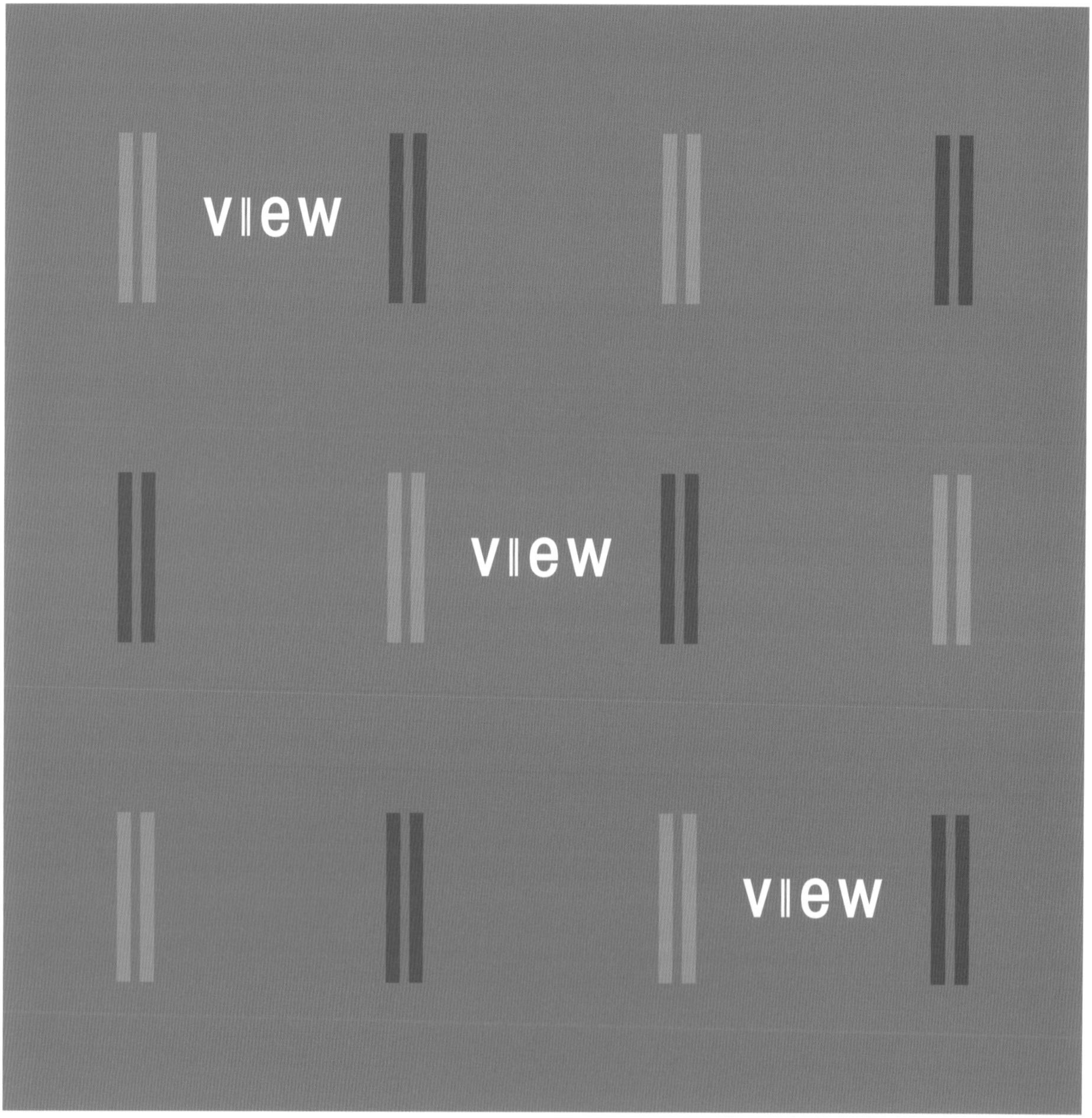
view
view
view

電車に乗る人は、持ってた方がいい。

81.

ビューカード誕生
通勤、出張、旅行のカード、
JR東日本から。
view
CARD
0129 0123 4567 8901
TARO HIGASHINIHON

□ 広告では、通勤、出張、旅行のカードを表現するために、様々なシーンに登場するターゲットのアイコンとして本木雅弘を起用し、通勤ラッシュの電車や、旅行先の海辺の駅など、リアリティのある状況の中で、ビジュアルをつくった。

□ 81.82.のPは羽金和恭。移動する人間のリアリティを本木雅弘の顔からにじませた。

電車に乗る人は、持ってた方がいい。

山手線
YAMANOTE LINE
ビューカード誕生
通勤、出張、旅行のカード、
JR東日本から。
VIEW
CARD
0129 0123 4567 8901
TARO HIGASHINIHON
6

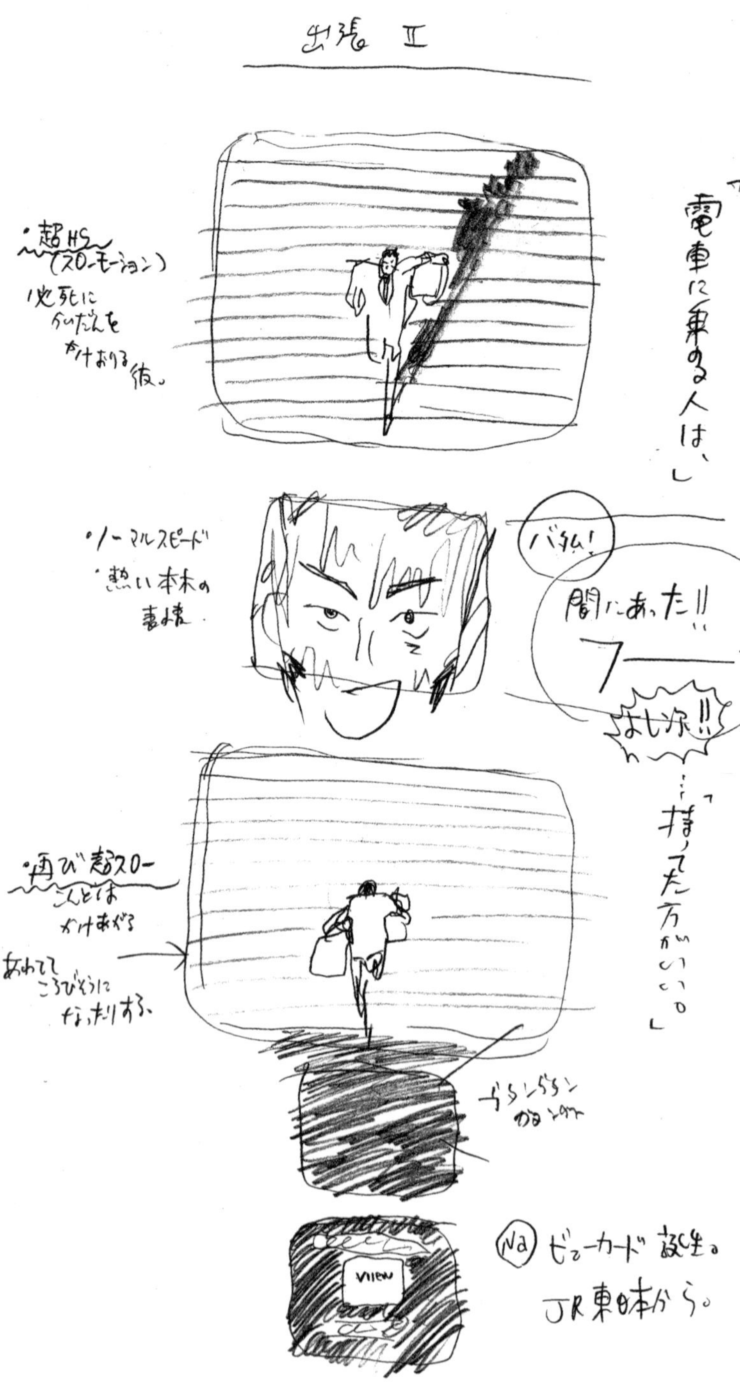
出張 II
超HS
(スローモーション)
必死に
かいだんを
かけおりる彼。
「電車に乗る人は、」
ノーマルスピード
熱い本木の
表情
バタム!
間にあった!!
フーーーッ!
よし次!!
「…持ってた方がいい。」
再び超スロー
こんどは
かけあがる
あわてて
ころびそうに
なったりする。
Na ビューカード誕生。
JR東日本から。
VIEW

□このキャンペーンでは、CFも重要な役割を果たした。通勤や出張を表現することはグラフィックと同じだ。FD/PLは中島信也。コンテは彼のスケッチだ。ヒューマンな感動を与えられるドラマをつくった。

□CA半田也寸志、オレンジに輝く階段のシーンは、非現実的だが想像を超え、働くビジネスマンの情感を感じさせた。

83. JR東日本ビューカード/階段篇

NA/S：
電車に乗る人は、…
本木：
「間にあった…!!」
NA/S：
持ってた方がいい。
S：
通勤、出張、旅行のカード。
NA：
「ビューカード誕生。JR東日本から。」
CI

電車に乗る人は、
電車に乗る人は、持ってた方がいい。
電車に乗る人は、持ってた方がいい。
通勤、出張、旅行のカード。
view
CARD
JR東日本

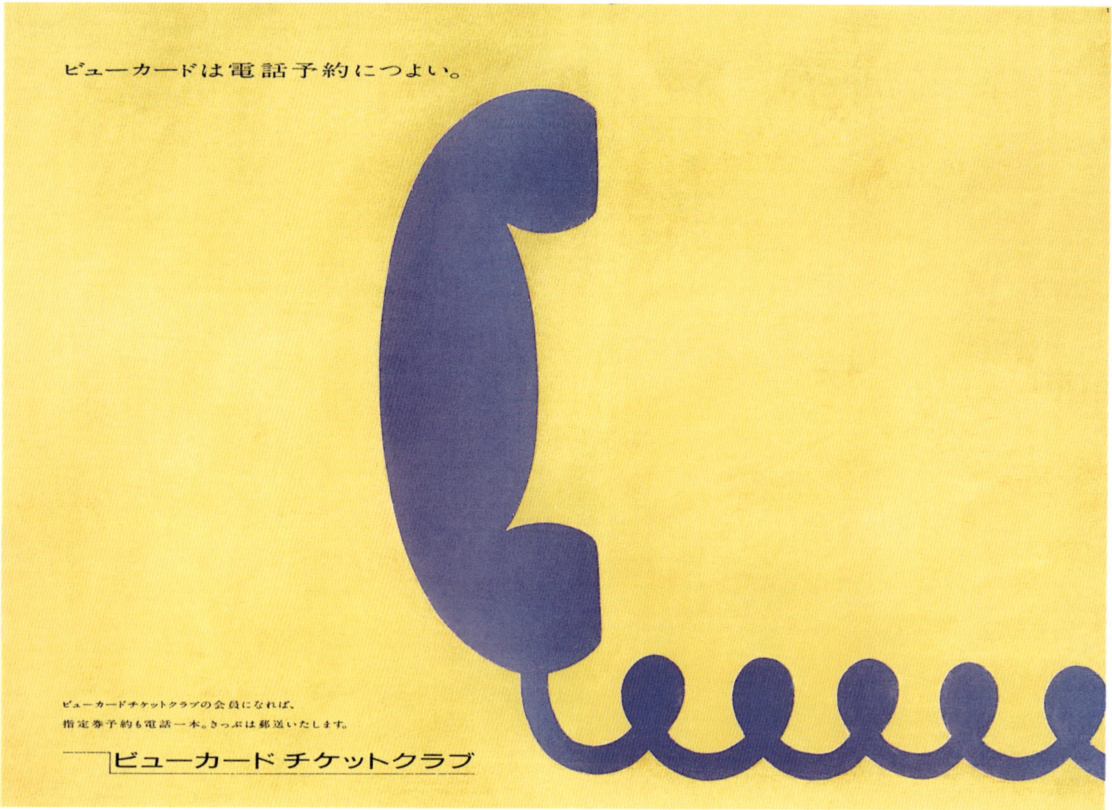

84.

□ ビューカードの個々のサービスを、車内の連貼りポスターで伝えたもの。より若いターゲットに訴求するために、機能をグラフィカルにシンボル化し、固有のニュアンスを出してキャンペーンの幅を拡げた。

ビューカードはショッピングにつよい。
JR東日本の主な駅ビルや、駅構内店でのお買い物がキャッシュレスで。
駅ビル ショッピングセンター

85.

JR東日本
つよいビューカード。
JR東日本の主なみどりの窓口で、手軽にきっぷや指定券が買えます。
定期券もキャッシュレスで。自動継続定期券発売機ならさらに簡単。
びゅうプラザで旅行もキャッシュレス。分割払いも可能です。
現金のお支払い( )でもポイントがついて、利用すればするほどおトクです。
●入会申込書は、JR東日本の主な駅のみどりの窓口、びゅうプラザ、ビューカードスタンドにあります。お申込みは郵送でどうぞ。
●お問い合わせは、03-3217-1235ビューカードセンターへ。(営業時間 9:30～17:30土・日・祝日は除く)
*クレジットカードのご利用は計画的に。
いろんなところで使えて便利。
JR東日本のクレジットカード。
view
CARD
0129 0123 4567 8901
TARO HIGASHINIHON
電車に乗る人は、持ってた方がいい。

86.

HITACHI　A&V

デザイン発想 12 イメージの創造

日立AV機器の優位性

スケールの大きなビジュアルイメージ

付加価値を
高める
広告表現

日立という企業のオーディオ&ビジュアルに対する姿勢を表現することで、商品のイメージを創ることがこのポスターの課題だった。「次の時代」を感じさせるためにも、新しい視覚とスケールが欲しかった。

そんな時一枚の写真を発見した。フォトグラファー、ユージン・O・ゴールドベックが、テキサスの海岸に群がる人々の情景を写した壮大なパノラマ写真だ。フィルムはヒューストンの大学に保存されていた。

8×10を横に4枚つなげたBlack&Whiteの密着プリントを受け取り、イラストレーター武田育雄に人工着色を依頼した。1920年代の風景とおびただしい数の人間を着色したことで、写真はさらにスケールを増した。既存の写真を使用した広告ではあるが、そこに独自のクリエイティビティが加わったことで、仕事に深い愛着が生まれた。

CD多田亮三、CD/C岡部正泰、C堀真一。お互いが思考のベクトルを共有しつつ、クリエイティブ作業を深めることができた。ワイドな視覚はB倍4連貼りポスターによって形を見せ、メディアの核となった。新聞広告には同じフォトグラファーによるマチュピチュのパノラマ写真が使われて、スケールの大きな展開となった。

＊次ページのポスターはB倍4連貼り。その後に続くページではB倍を一点ずつ紹介している。

過去の果てから、
未来の果てまで、
からだで見たい。
1924
BATHING GIRL
REVUE
GALVESTON, TEXAS
HOTEL
Maxwell House Coffee and Tea

HITACHI
MURDOCH
BATH HOUSE
MANCHESTER
MAGNOLIA PARK LAND CO. HOUSTON
A×V
絶対映像へ。日立
120HG

87.　B倍×4

過去の果てから、未来の果てまで、からだで見たい。

The Photography Collection of the Harry Ransom Humanities Research Center of the University of Texas and the Book,
The Panoramic Photography of Eugene O. Goldbeck by Clyde W. Burleson and E. Jessica Hickman. Copyright 1986, The University of Texas Press

Hires
BEN C. DOHERTY & CO.
1924
BATHING GIRL
REVUE
GALVESTON, TEX

Delicious
Coca-Cola
Refreshing
Maxwell House Coffee and Tea
NATIONAL
PHOTO
SERVICE
731 E. HOUSTON ST.,
SAN ANTONIO, TEXAS.

TAURANT ~ OP
ALL THE
NING GLORY BUTTER AND EGGS
MANCHESTER
The East End of Houston
MAGNOLIA PARK LAND CO. HOUSTON

MURDOCH
BATH HOUSE
WRIGLEY'S
P.K.

Coca-Cola
BEN C. DOHERTY & CO.
A
絶対

品質を大切にする〈技術の日立〉
HITACHI
CRYSTAL PALACE
V
へ。日立
42形ネオビジョン C42-PX1
近日発売
29形カラーテレビ C29-SX1
標準価格228,000円(アンテナ・工事費別)
120HG
MASTACS
HIGH GRADE EXTRA
HITACHI
VHS
ビデオテープ T-120HG
標準価格1,150円
Hi-Fiビデオ VT-F510
標準価格128,000円(デジタル予約リモコン付)
VTR一体形カメラ VM-C52
標準価格180,000円(バッテリーパック別売)

AGF MAXIM

デザイン発想 13 味を想起させる映像表現

「コーヒーを愛する人」とその世界観

人生のやすらぎのひととき

コーヒーの深い香りと味わい/気分の解放

コーヒーのおいしさの表現は難しい。どんな人が、どんなひとときに、どんな表情で飲むかで、広告のイメージは随分違ってくる。笑顔のやさしさや、思慮深いまなざし、内面の豊かさや、熱い心。そんな写真が撮れたらどんなにいいだろう。

コーヒーの深い香りや味わいをさりげなく名脇役にしてしまう、そんな人たちを撮りに世界へ旅立った。厳しい寒さの中で暮らす人たちにとって、一杯の熱いコーヒーは心のよりどころにもなり、一日の休息になるだろう。そんな発想から北欧やヨーロッパがロケ地になった。建築家やアーティスト、社会学者など様々な分野の人との出会いが、ストーリーを持ったシンプルなポートレートに定着された。

これらは、CDの杉山恒太郎、CD/Cの西村佳也、FD/PL関谷宗介らと共に進めた。企画がほぼ出来上がった段階で、音楽は作詞:阿久悠、作曲:大瀧詠一、歌:小林旭という異例の人選が浮かび上がり、特に小林旭の起用は、想像していた音とは真逆の概念だった。それがこの仕事のクオリティを決める最も大きな要因となり、CFの仕事の醍醐味を感じた。CAは88.89.90.が大西公平、91.92.が富永民生。シンプルなポートレートを、グラフィックに近い感覚でムービーに定着させた。

88.　MAXIM / 花の人

全篇　歌：小林旭
♪北国の旅の空〜…
S：
花の人
NA：
「なんだかコーヒーが飲みたくなったね」
「新しいマキシム。it's smooth」
S：
こんなに、飲みやすい。
CI

89. MAXIM / 丘の人

全篇　歌：小林旭
♪オーロラの空の下〜…
S：
丘の人
NA：
「なんだかコーヒーが飲みたくなったね」
「新しいマキシム。it's smooth」
S：
こんなに、飲みやすい。
CI

90.　MAXIM / 火の人

全篇　歌：小林旭
♪唇に触れもせず〜…
S：
火の人
NA：
「なんだかコーヒーが飲みたくなったね」
「新しいマキシム。it's smooth」
S：
こんなに、飲みやすい。
CI

91.　MAXIM / 河の人

全篇　歌：小林旭
♪北国の旅の空～…
S：
河の人
NA：
「あなたが飲んでいたコーヒーはマキシムだった」
「Mm…MAXIM。it's smooth」
S：
こんなに、飲みやすい。
CI

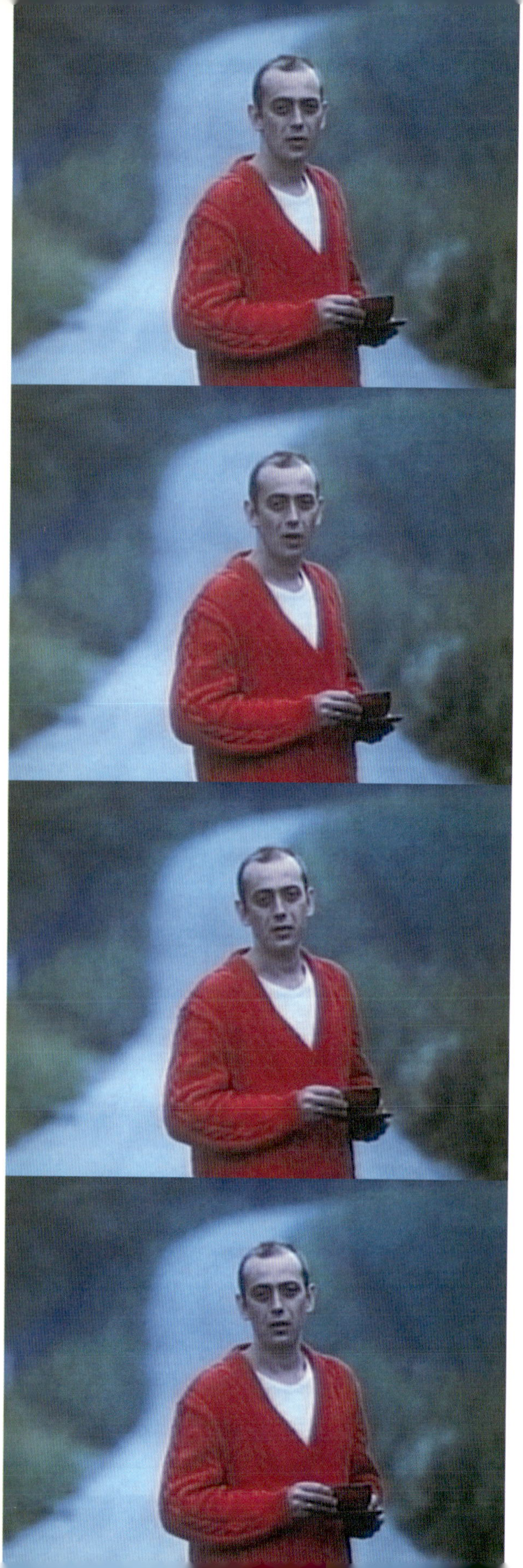

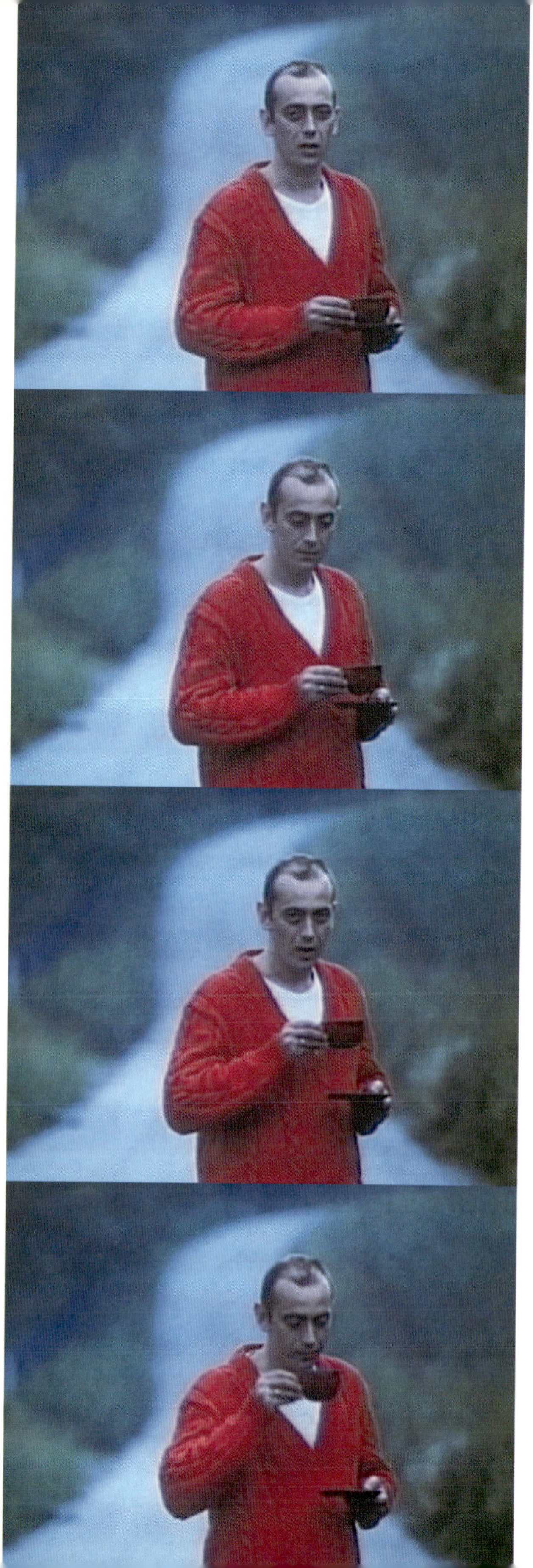

92.　MAXIM / 野の人

全篇　歌：小林旭
♪オーロラの空の下～…
S：
野の人
NA：
「あなたが飲んでいたコーヒーはマキシムだった」
「Mm…MAXIM。it's smooth」
S：
こんなに、飲みやすい。
CI

ブレーン誌から始まるグラフィックワーク
デザイン発想14　抽象表現の可能性

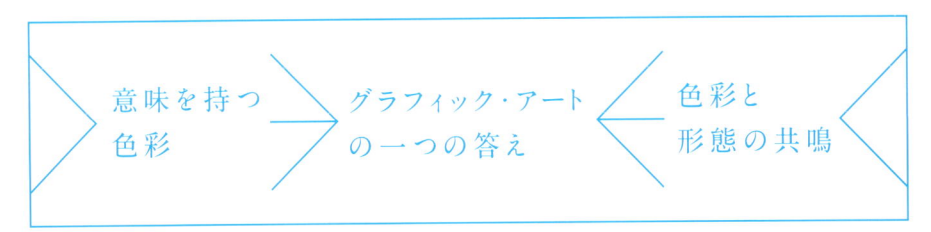

意味を持つ色彩 → グラフィック・アートの一つの答え ← 色彩と形態の共鳴

色は意味を持っている。赤は情熱的、青は理性的だ。形もまた意味を持っている。円は柔和、正方形は堅固だ。それは無意識の内に人々が感じている普遍的な感覚だろう。

以前から抱いていた色と形への思いを、1年間担当するブレーン誌の表紙でカタチにしようと試みた。A4というスペースの中で、2つの色と色、形と形がぶつかり合い、そこに織りなされる不思議な葛藤は、ある意味で心理的とも言え、ある種の感情の表現にもなり得ている。そこにある形と色は、たとえ抽象であっても人の心を具象として伝えることが可能だと考えた。それを12点の色彩と形のドラマに仕上げようというのが制作の狙いだった。

ブレーン誌以降で、ここに紹介しているJAGDAアニュアルの表紙や東日本鉄道文化財団のマークは、次の章のAIR DOのマークにつながっていくが、根底は同じだ。メッセージシールや、日経広告手帖の表紙は具象表現であるが、色と形の対比の考え方は変わらない。

brain
january 1984
volume 24 no.1
1
ブレーン
広告とマーケティング
特集：変わる消費者、変わるトレンド
〈市場最前線〉総合拡大するクレジット業界
新年特大号
ブレーン january 1984 volume 24 no.1 1
特集：変わる消費者、変わるトレンド
ブレーン february 1984 volume 24 no.2 2
特集：ニュートレンドと新製品開発
ブレーン march 1984 volume 24 no.3 3
特集：ローカル広告事情／'84年マーケテ
ブレーン april 1984 volume 24 no.4 4
特集：ニューサーティ市場への期待と
ブレーン may 1984 volume 24 no.5 5
特集：新コピー研究1984
'84TCC賞
ブレーン june 1984 volume 24 no.6 6
特集：テスト・マーケティング……米国
ブレーン july 1984 volume 24 no.7 7
特集：選別の時代〈1990年代成長への条件〉
ブレーン august 1984 volume 24 no.8 8
特集：新聞広告の〈変化〉
ブレーン september 1984 volume 24 no.9 9
特集：変わるトレンド、変わるテイス
ブレーン october 1984 10
特集：日本と米欧の広告クリエイテ
ブレーン november 1984 volume 24 no.11 11
特集：ハイテク時代のハイタッチ広告
ブレーン december 1984 volume 24 no.12 12
特集：広告――変化へのチャレンジ

誠文堂新光社
誠文堂新光社
誠文堂新光社
誠文堂新光社
誠文堂新光社
誠文堂新光社
誠文堂新光社
誠文堂新光社
誠文堂新光社
11月特大号
誠文堂新光社
誠文堂新光社

□ 表紙デザインに入る前に、2つの形による構成を無数にスケッチした（4ページ後のP.228-229）。そこから約50点の構成を選び、A4サイズに2つの色でドローイングし、イメージする2つのモチーフの相互の響き合いの感触をつかんだ。

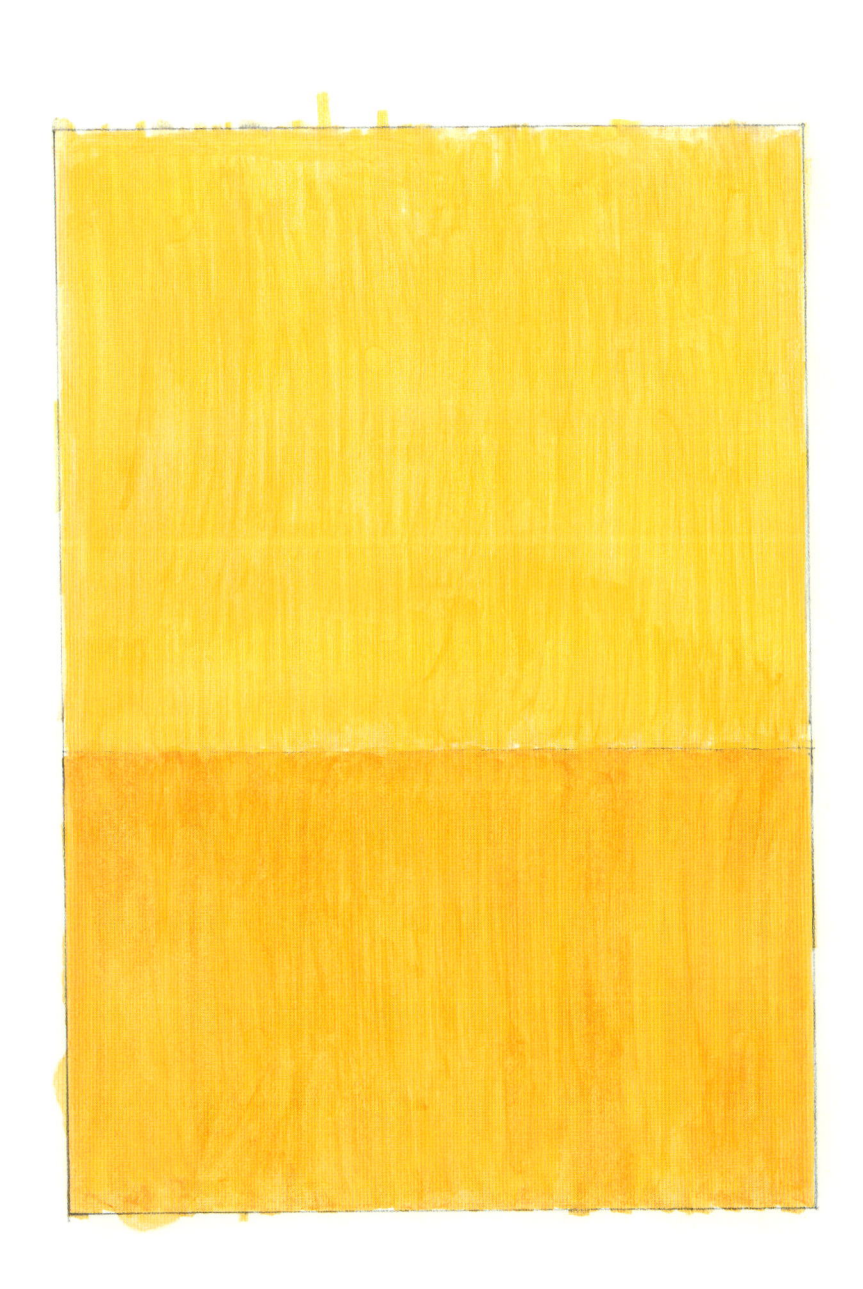

昭和59年4月1日発行(毎月1回1日発行)昭和36年5月23日国鉄東局特別扱承認雑誌第1081号 昭和36年7月20日第三種郵便物認可(通巻第285号)
広告とマーケティング
ブレーン
brain
april 1984
volume 24 no.4
4

昭和59年12月1日発行（毎月1回1日発行）昭和36年5月23日国鉄東局特別扱承認雑誌第1081号　昭和36年7月20日第三種郵便物認可(通巻第293号)
広告とマーケティング
ブレーン
brain
december 1984
volume 24 no.12
12

昭和59年1月1日発行(毎月1回1日発行)昭和36年5月23日国鉄東局特別扱承認雑誌第1081号 昭和36年7月20日第三種郵便物認可(通巻第282号)
広告とマーケティング
ブレーン
brain
january 1984
volume 24 no.1
特集:変わる消費者、変わるトレンド
〈市場最前線〉競合拡大するクレジット業界
新年特大号
1

昭和59年9月1日発行(毎月1回1日発行)昭和36年5月23日国鉄東局特別扱承認雑誌第1081号　昭和36年7月20日第三種郵便物認可(通巻第290号)
広告とマーケティング
ブレーン
brain
september 1984
volume 24 no.9
特集:変わるトレンド、変わるテイスト
〈コウホート分析に見る世代間ギャップ〉
9

昭和59年11月1日発行（毎月1回1日発行）昭和36年5月23日国鉄東局特別扱承認雑誌第1081号　昭和36年7月20日第三種郵便物認可（通巻第292号）
広告とマーケティング
ブレーン
brain
november 1984
volume 24 no.11
Welcome to IAA Advertising Congress in Tokyo 1984
特集：ハイテク時代のハイタッチ広告戦略
11月特大号
11

昭和59年6月1日発行(毎月1回1日発行)昭和36年5月23日国鉄東局特別扱承認雑誌第1081号 昭和36年7月20日第三種郵便物認可(通巻第287号)
広告とマーケティング
ブレーン
brain
june 1984
volume 24 no.6
6
特集:テスト・マーケティング……米国と日本
〈特別リポート〉ライフスタイル・クラスターと
雑誌メディア・イメージ

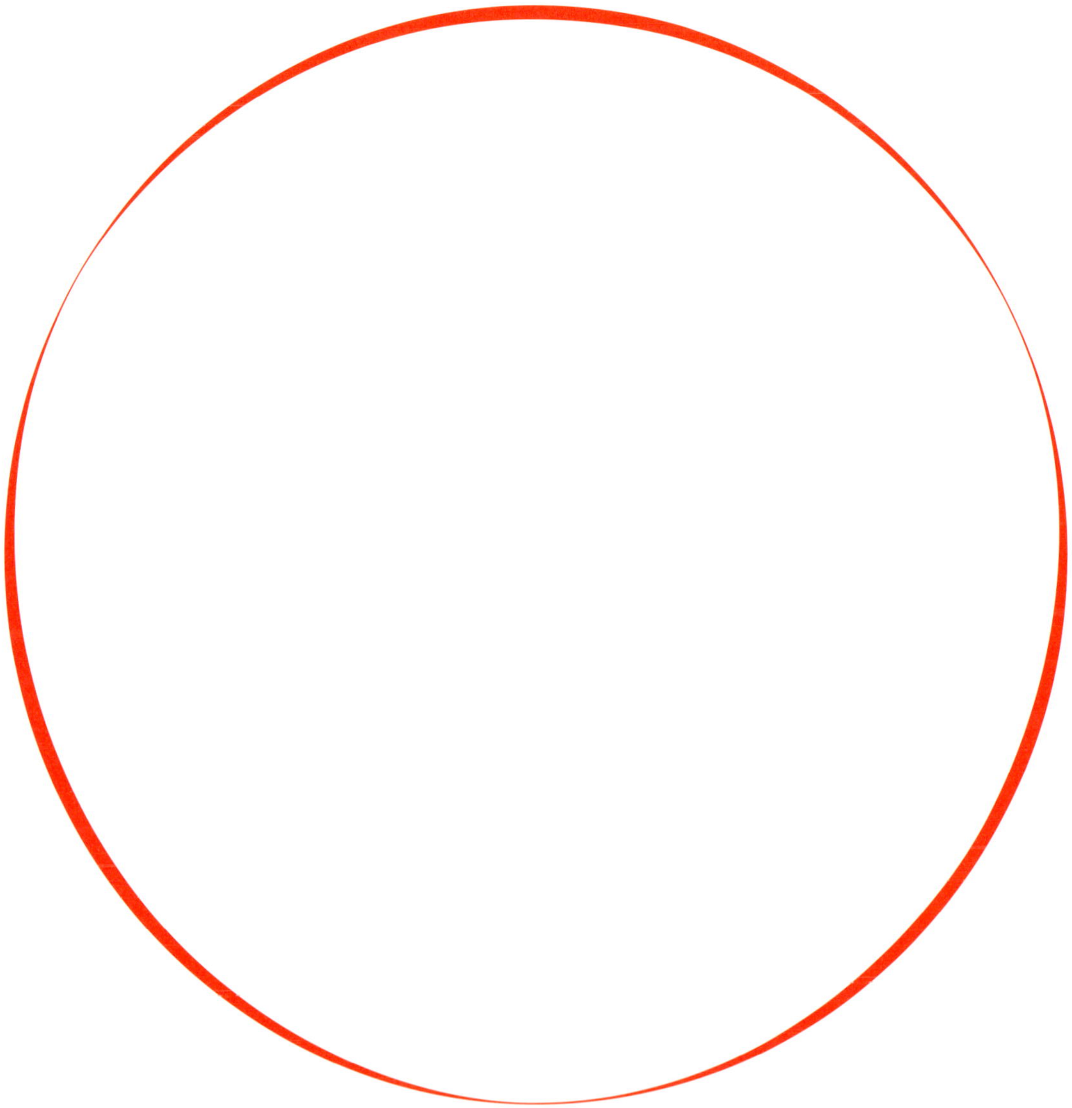

□ ニューイヤーカードのために、グラフィックパターンを個人的に試作した。左は「赤い円が空白化したときの均衡状態」、右は「赤い円が上へ始動するときの方向性」への試み。

□ 次の見開きは、JAGDAから依頼を受けて制作したアニュアルの表1、表4だ。

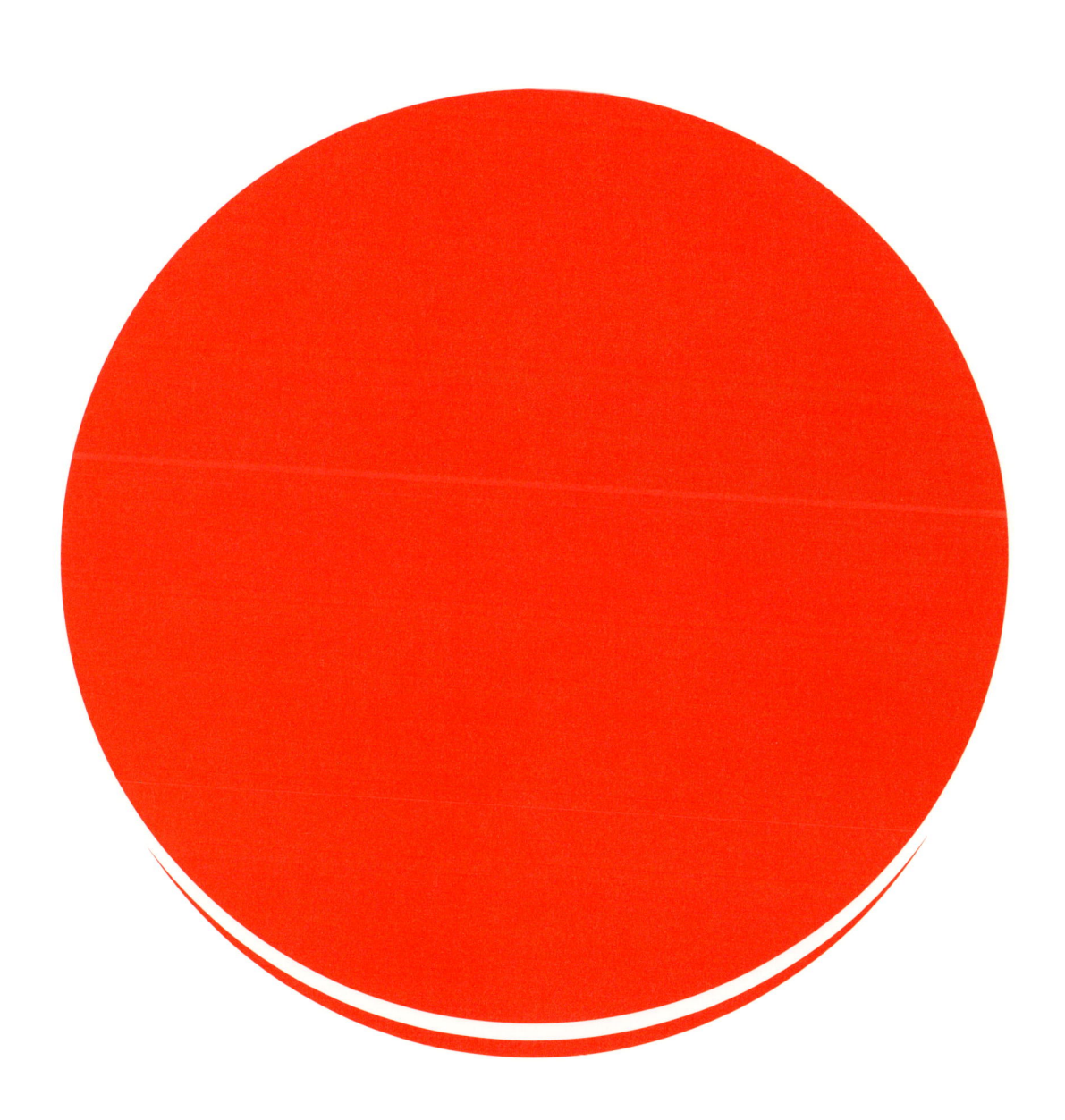

Japan Graphic Designers
Association Inc. / JAGDA
社団法人 日本グラフィックデザイナー協会
〒150 東京都渋谷区神宮前2-27-14 JAGDAビル
Tel.03-3404-2557 Fax.03-3404-2554
郵便振替 00140-9-74159

JAGDA

住まいの質をこのままで
国の自慢なんかできない。

100.

電線の地中化を、そろそろ考えるときがきた。

101.

□ 新王子製紙「22人のデザイナーがシールをつくる」という青葉益輝の企画に参加した。内容は自由ということで、社会人としての意識が沸き起こってデザインしたもの。時はまだバブル期、政治家を先頭に日本はリッチだと国をあげて自慢していた。しかし実態は、住宅は兎小屋、電柱は乱立状態、パブリックスペースに無駄な段差が多く、生活排水は汚れたままだ。一体どこがリッチなんだろう、という憤りの気持ちを描線に込めたメッセージシールだ。記憶によるが、同じ頃自然エネルギーについての情報に驚いた。ドイツの風力発電のシェアが7%に対して、日本はなんと0.1%にも満たなかった。お金の使い方が本当にわかっていない国なんだと思い、と同時に自分の無力さに複雑な想いに駆られたものだ。

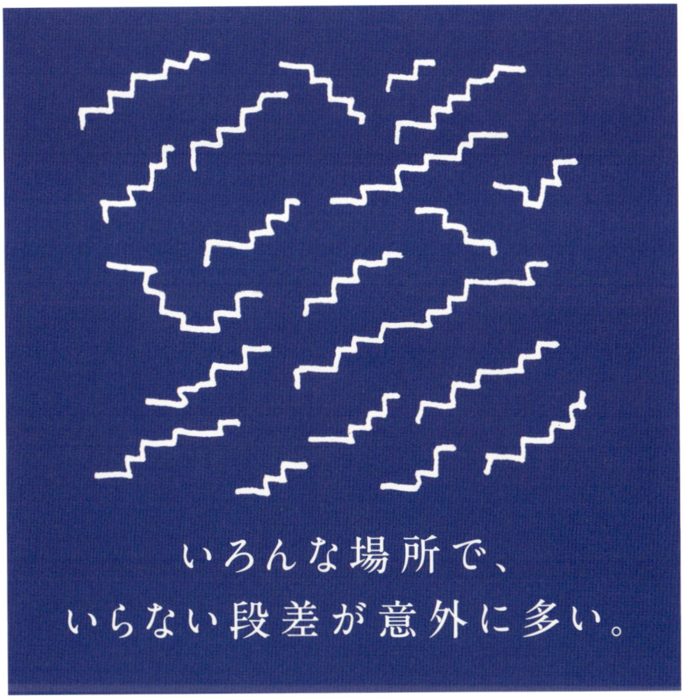
いろんな場所で、
いらない段差が意外に多い。

102.

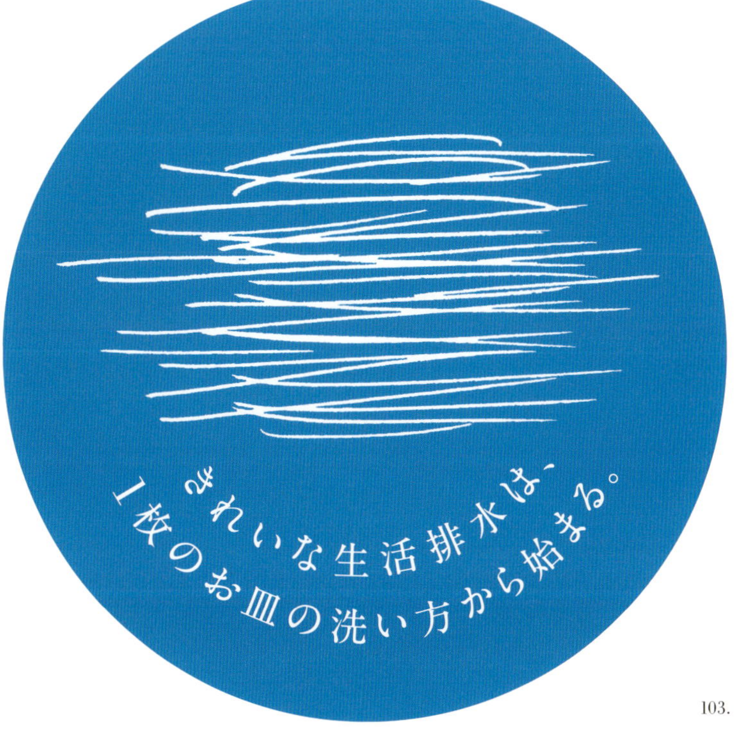
きれいな生活排水は、
1枚のお皿の洗い方から始まる。

103.

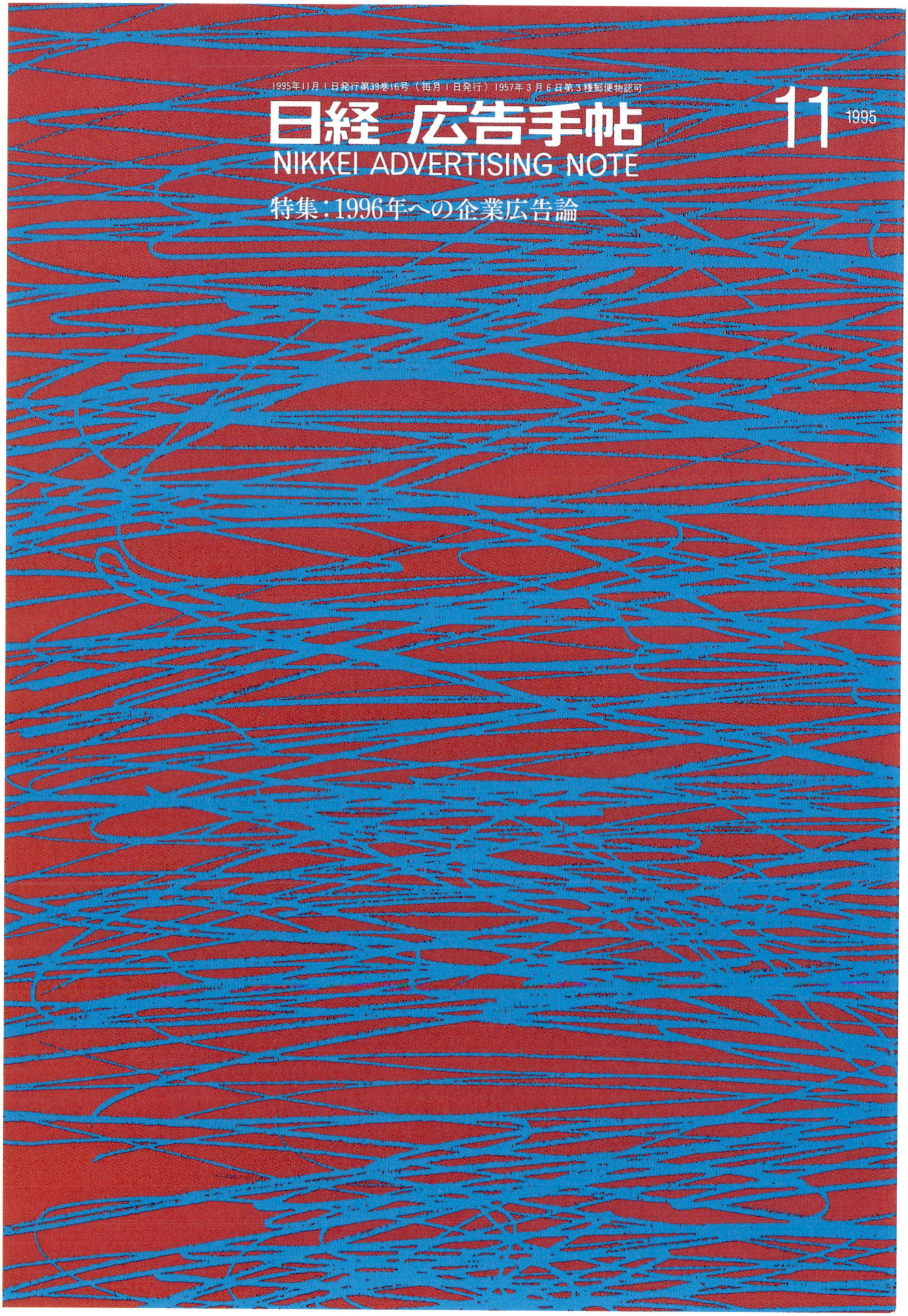

1995年11月1日発行第39巻16号（毎月1日発行）1957年3月6日第3種郵便物認可
日経 広告手帖
NIKKEI ADVERTISING NOTE
11
1995
特集：1996年への企業広告論

104.

□誰にでもできる地球水質保護への参加をテーマに、汚染された水のイメージをドローイングした。

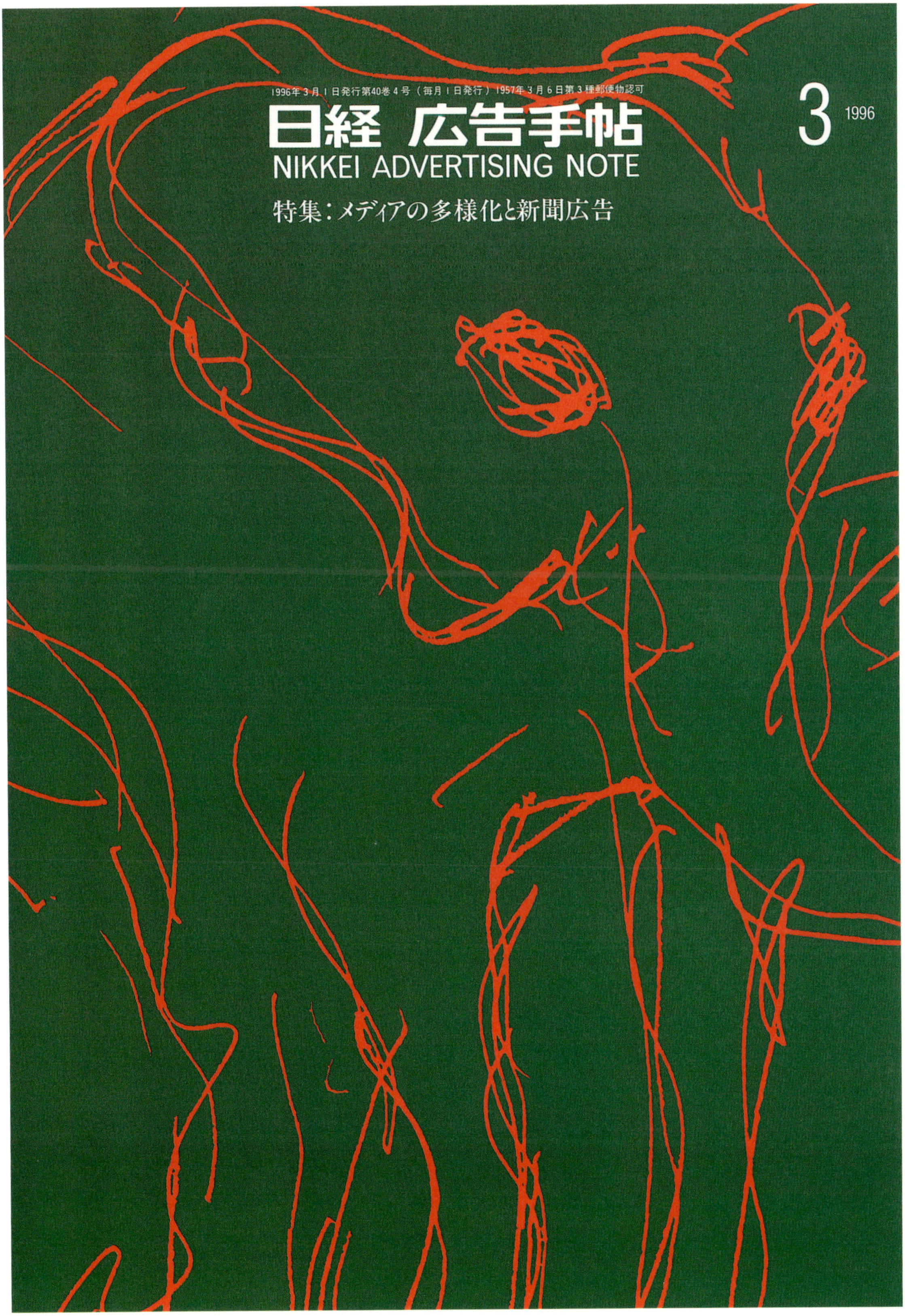
1996年3月1日発行第40巻4号（毎月1日発行）1957年3月6日第3種郵便物認可
日経 広告手帖
NIKKEI ADVERTISING NOTE
3
1996
特集：メディアの多様化と新聞広告

105.

□ 今世紀前半に1,000万頭いたアフリカ象が、'96年には50万頭に激減した。地球の危機を悲しげな象の目に重ねた。

EAST JAPAN RAILWAY
CULTURE FOUNDATION

□東日本鉄道文化財団のマーク。東京ステーションギャラリーをはじめ、空間を基盤に多くの文化的活動が行われているところから、デザインしたものだ。1993年に制作されたこのマークは、後のAIR DOのCI活動へとつながった。

106.

AIR DO

デザイン発想 15　社会へのメッセージ

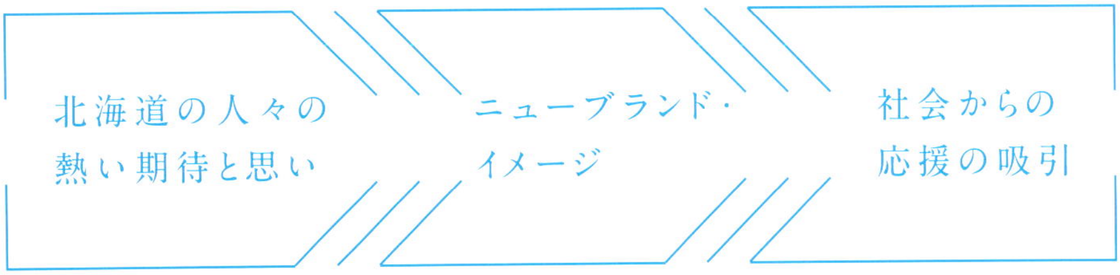
北海道の人々の
熱い期待と思い
ニューブランド・
イメージ
社会からの
応援の吸引

北海道経済の活性化にとって、何よりもまず求められるのは札幌～東京間の経済的距離を縮めることだった。人々がより頻繁に行き来できる状況が生まれてはじめて活性化への道が拓かれる。そのためには、料金の設定がリーズナブルで、より簡単に利用できるエアラインがどうしても望まれた。AIR DO（エア・ドゥ）の誕生。それは言わば北海道の人々の願いであり、彼らの気持ちがひとつになって実現した企業体の誕生だった。そこにこそ大きな意味があった。

ブランディング活動では、そのAIR DOの存在意義や置かれている状況を伝えていくことに重点が置かれ、持ち続けるべき姿勢がテーマになった。ロゴマーク、カラー計画、機体デザイン、広告展開など、すべてがそこを出発点としている。

AIR

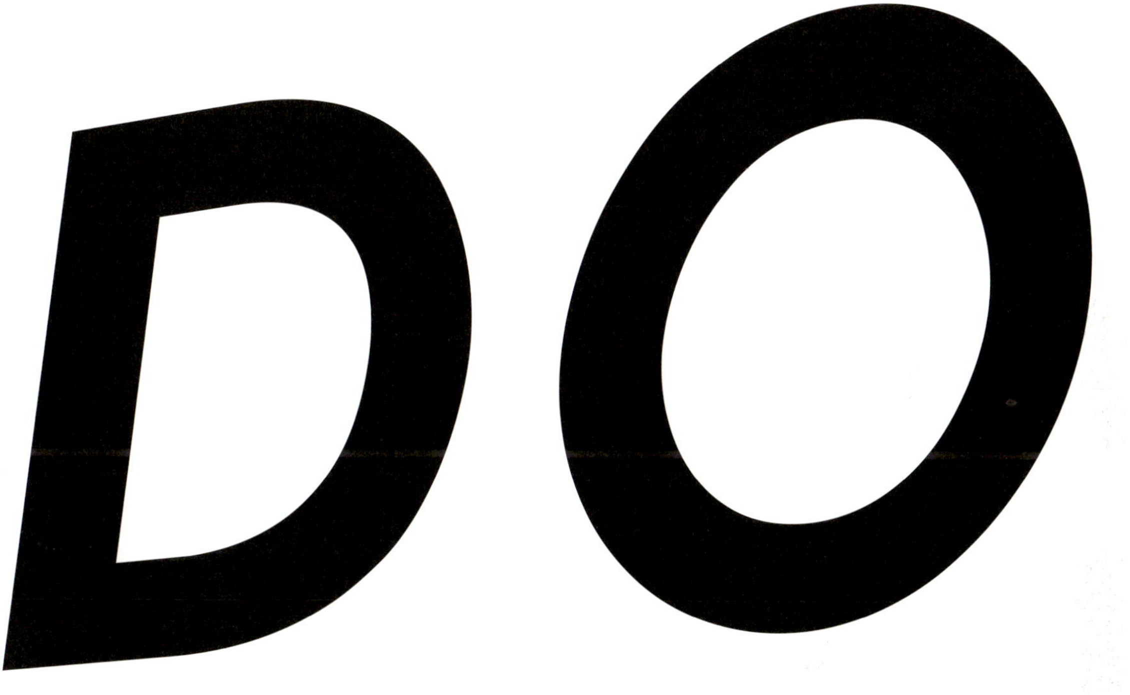

□ 価格やサービスに対して、新しい概念を持った今までにない価値観の航空会社のイメージが、ブランディングに求められた。そのためにロゴマークは、あえて軽快でスポーティなものにした。
□ カラー計画は、起業した人々の心を表現する2つの色を選び、その対比を増幅させることで、純粋で明快な意志をイメージした。出来上がった色は、結果的に、早春の北海道を感じさせた。その2つの色を最大限に生かす形でマークをつくった。極限のシンプルさに迫り、正方形を二分割した。
□ 機体デザインはそれらが一体化したものだ。スカイブルーに映え、淡い曇りに情感を感じさせ、雨の中で凛とした佇まいを見せた。

AIR

AIR DO
JA98AD

Hokkaido International Airlines

AIR DO

AIR DO

AIR DO

www.airdo21.com
AIR DO

www.airdo21.com
AIR DO

□ 広告展開は、広告代理店が電通北海道に決定したことから、CD/Cの佐々木宏と共同制作することができた。109.と110.は、就航告知と、就航日の新聞広告だ。キャッチフレーズの「こういう企業が、成功するか、失敗するかで、日本の将来は決まる、と思う。」で、一企業の出発を日本の経済との関係にまで拡げた発想は、広告が社会との深いかかわりの中にあることを実証している。

□ キャラクターにテディベアを選んだ。就航時の新聞広告ではボディコピーのメッセージを、テディベアが語っているように文字組をした。

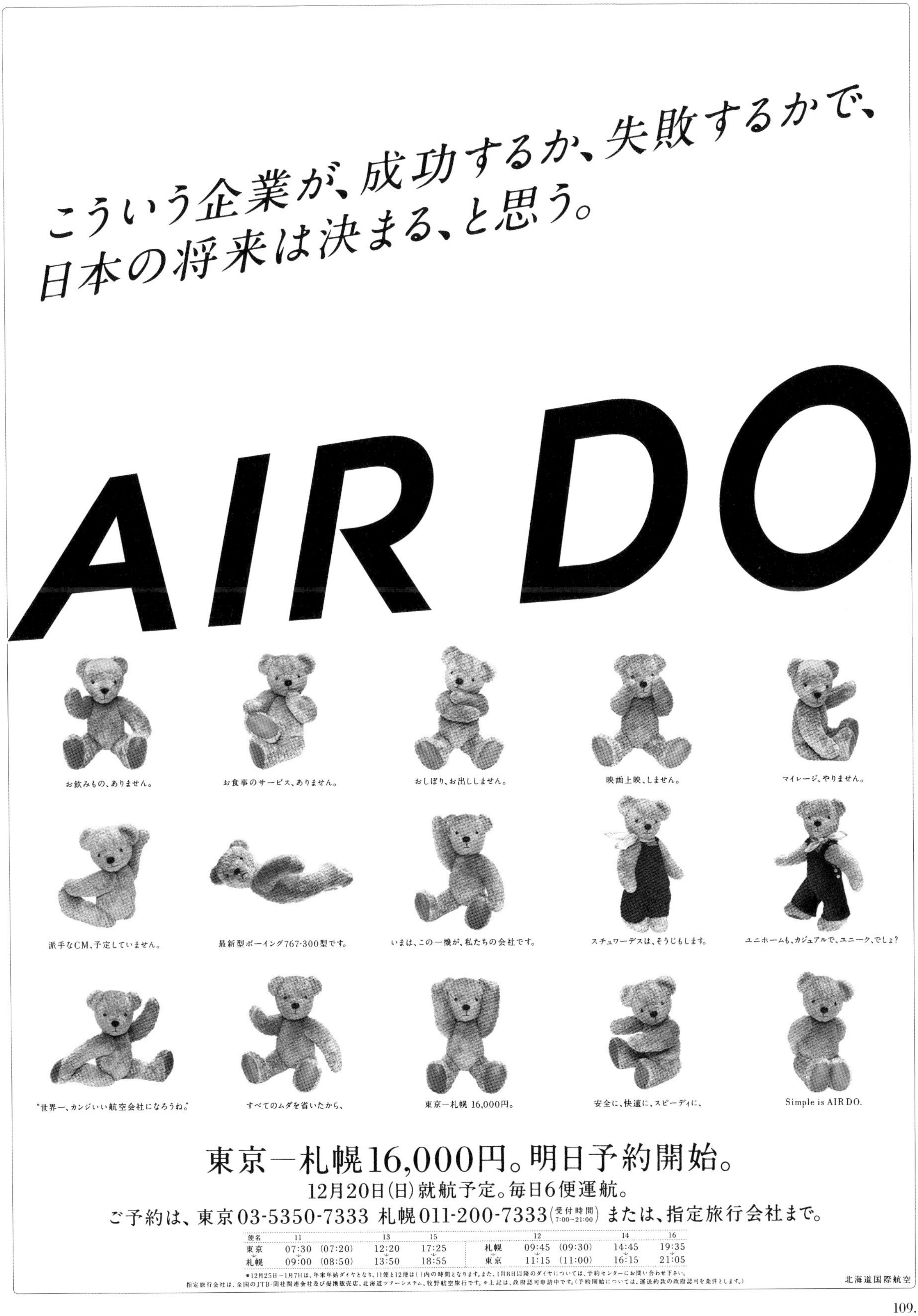
こういう企業が、成功するか、失敗するかで、
日本の将来は決まる、と思う。
AIR DO
お飲みもの、ありません。
お食事のサービス、ありません。
おしぼり、お出ししません。
映画上映、しません。
マイレージ、やりません。
派手なCM、予定していません。
最新型ボーイング767-300型です。
いまは、この一機が、私たちの会社です。
スチュワーデスは、そうじもします。
ユニホームも、カジュアルで、ユニーク、でしょ?
"世界一、カンジいい航空会社になろうね。"
すべてのムダを省いたから、
東京—札幌 16,000円。
安全に、快適に、スピーディに、
Simple is AIR DO.
東京—札幌16,000円。明日予約開始。
12月20日(日)就航予定。毎日6便運航。
ご予約は、東京03-5350-7333 札幌011-200-7333(受付時間 7:00~21:00) または、指定旅行会社まで。
便名 11 13 15 12 14 16
東京→札幌 07:30 (07:20) 09:00 (08:50) 12:20 13:50 17:25 18:55
札幌→東京 09:45 (09:30) 11:15 (11:00) 14:45 16:15 19:35 21:05
*12月25日~1月7日は、年末年始ダイヤとなり、11便と12便は( )内の時間となります。また、1月8日以降のダイヤについては、予約センターにお問い合わせ下さい。
指定旅行会社は、全国のJTB・同社関連会社及び提携販売店、北海道ツアーシステム、牧野航空旅行です。※上記は、政府認可申請中です。(予約開始については、運送約款の政府認可を条件とします。)
北海道国際航空

お飲みもの、ありません。

お食事のサービス、ありません。

マイレージ、やりません。

派手なCM、予定していません。

スチュワーデスは、そうじもします。

ユニホームも、カジュアルで、ユニーク、でしょ？

おしぼり、お出ししません。

映画上映、しません。

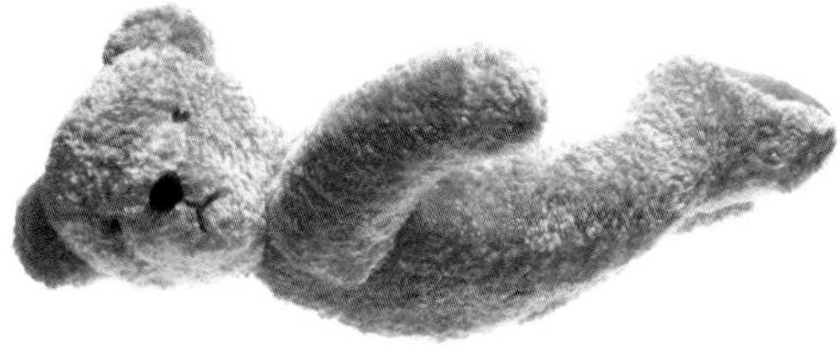

最新型ボーイング767-300型です。

いまは、この一機が、私たちの会社です。

“世界一、カンジいい航空会社になろうね。”

東京－札幌　16,000円。

行ってきます。

AIR DO

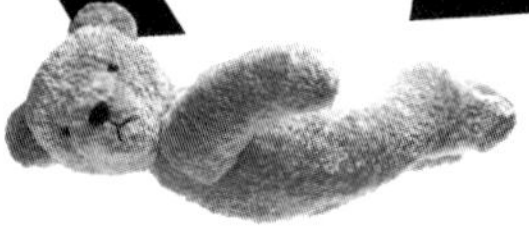

東京一札幌16,000円。
本日就航。Simple is AIR DO.

東京一札幌間を、もっと、気軽に行き来できるようにすべきだ。
そうだ、航空会社を自分たちで、作ろう。一市民 の小さな思いつきが、
たくさんの 市民の熱い声援（全国で498社 3,770名）を受けて、
実現することになりました。新しい北海道がいよいよ、きょう飛び立ちます 。
さて 、そのエア・ドゥですが。お飲みもの、お食事、おしぼりなどのサービス、ありません 。
派手なCM、マイレージキャンペーンも、ありません 。
すべてのムダを省いて 、リーズナブルに 徹します。Simple is AIR DO.

毎日6便。ご予約は、東京03-5350-7333 札幌011-200-7333（受付時間 7:00~21:00）または、指定旅行会社*1まで。

12月20日~12月24日

便名	東京→札幌	便名	札幌→東京
11	07:30→09:00	12	09:45→11:15
13	12:20→13:50	14	14:45→16:15
15	17:25→18:55	16	19:35→21:05

12月25日~1月7日

便名	東京→札幌	便名	札幌→東京
11	07:20→08:50	12	09:30→11:00
13	12:20→13:50	14	14:45→16:15
15	17:25→18:55	16	19:35→21:05

1月8日~3月31日（2月1日以降は政府認可申請中）

便名	東京→札幌	便名	札幌→東京
11	07:25→08:55	12	09:45→11:15
13	12:25→13:55	14	14:45→16:15
15	17:25→18:55	16	19:45→21:15

羽田空港チェックイン・カウンター

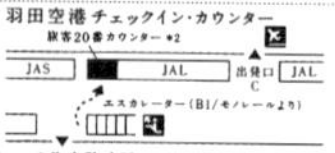

*2 タイムリースの為出発時間の90分前からの対応です。

新千歳空港チェックイン・カウンター

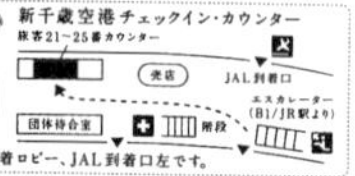

● 1階到着ロビー、JAL到着口左です。

◎皆様からのお電話が殺到し、つながりにくい状態が続き、大変ご迷惑をおかけいたしました。◎現在、年末年始期間を除いては、まだお席に余裕がございます。

*1 全国のJTB・同社関連会社及び提携販売店 北海道ツアーシステム 牧野航空旅行

北海道国際航空

AIR DO CLUB CARD 会員募集中。平成11年3月31日までにカード会員になられた方の中から抽選で、東京一札幌往復搭乗券を100名様にプレゼント！詳しい資料は、〒060-0005 札幌市中央区北5条西6丁目 AIR DO CLUBまで、住所・氏名ご記入の上、ハガキにてご請求ください。

東京－札幌間を、

もっと、気軽に行き来できるようにすべきだ。

 そうだ、航空会社を自分たちで、作ろう。

一市民  の小さな思いつきが、

たくさんの 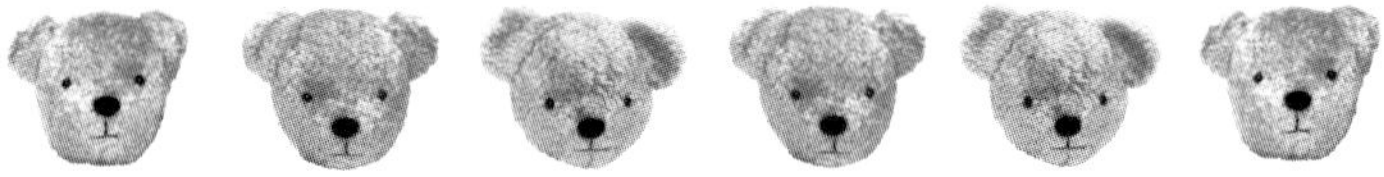

市民の熱い声援（全国で498社3,770名）を

受けて、実現することになりました。

新しい北海道がいよいよ、きょう飛び立ちます  。

さて  、そのエア・ドゥですが。

お飲みもの、お食事、

おしぼりなどのサービス、ありません  。

派手なCM、マイレージキャンペーンも、

ありません  。すべてのムダを省いて  、

リーズナブルに  徹します。

Simple is AIR DO.

□ テディベアは、ポストカードなど様々なツールにも登場し、大きな役割を果たした。上は、AIR DOの広告が2000年度東京コピーライターズクラブのTCC賞を受賞した際に、コピー年鑑（AD青木克憲）G部門の扉のビジュアルとして、グラフィックアーティストのヒロ杉山がプロトタイプのぬいぐるみをもとに描いてくれたものだ。

□テディベアのPはすべて数井啓介。主張を持ちながら一方で愛らしい、テディベアのイメージをつくった。

どこよりも、カンジいい航空会社になろうね。

Simple is

AIR DO

え？ スチュワーデスが、おそうじ？

ユニホームも、
カジュアルで、
ユニーク、でしょ？

Simple is

AIR DO

田中屋クリーニング
デザイン発想16　広告の社会参加

クリーニング店の
存在感

クリーニング店の
集配機能への着目

ユニークな
クリーニング店の
社会貢献プロモーション

東京南青山のクリーニング店が、地下鉄の表参道駅に1ヶ所だけ、ポスター掲出のスペースを確保した。しかし街のクリーニング店の普通のポスターでは、誰も振り向いてくれない。どうすれば目を止めさせ、存在を覚えてもらうことができるだろう。この店だからできることは何かないのか。そう考えていくうちに、服を集配する機能に目を着けた。

たとえば1シーズン着ただけで眠っている服や、景品でもらった封を開けていないTシャツなどの寄付を募り、集配の時にもらい受ける。クリーニング店だからこそできる企画だ。それを衣料不足で悩むアフリカや中近東に送ろうと考え、協力賛同を呼びかけるポスターをつくった。

CD/C小林孝悦、I湯村輝彦と共につくった。1週間で4枚のB倍ポスターを2日ごとに計3枚、最終日に1枚掲出し、結果として、服はいっぱい集まった。この広告をきっかけとして、衣料を送る行為に、多くの人々が関心を持ってくれればと願いつつ、広告ができる社会的役割をここでも強く認識させられた。全国のクリーニング協会がこんなことをしてくれるといいのにと思った。

と 田中屋《たなかや》クリーニング 南青山店《みなみあおやまてん》 Tel.

みんなの

● 受付品《うけつけぴん》＝夏冬衣料《なつふゆいりょう》：シャツ、Tシャツ、トレーナー、セーター、
ズボン、コート、タオルケット、シーツ、毛布《もうふ》。（スーツ、
※新品《しんぴん》か、クリーニング済《ず》みか、傷《いた》みの無《な》い物《もの》に限《かぎ》

● 受付方法《うけつけほうほう》：田中屋《たなかや》クリーニング南青山店《みなみあおやまてん》までお持《も》ち下《くだ》さい。
又《また》は洗濯物《せんたくもの》集配時《しゅうはいじ》にピックアップします

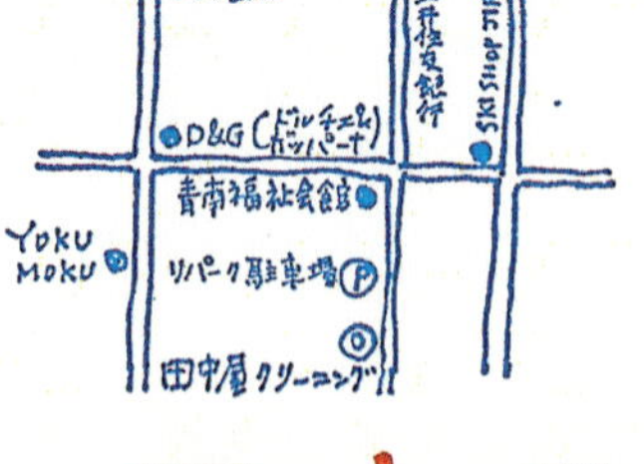

● 受付期間《うけつけきかん》：3月20日〜5月10日・集《あつ》めた衣料《いりょう》は「日

田中屋《たなかや》クリーニング 南青山店《みなみあおやまてん》 Tel

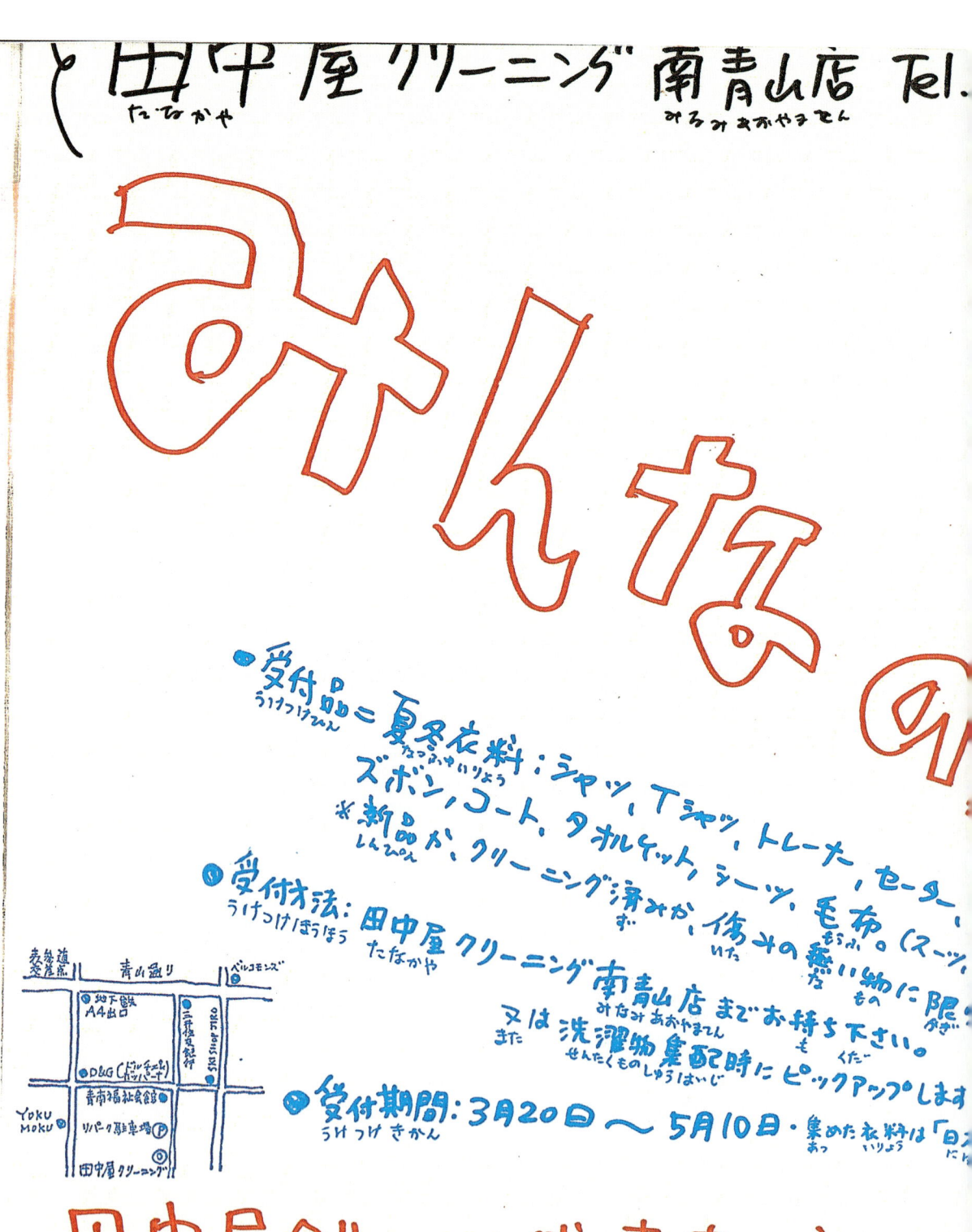

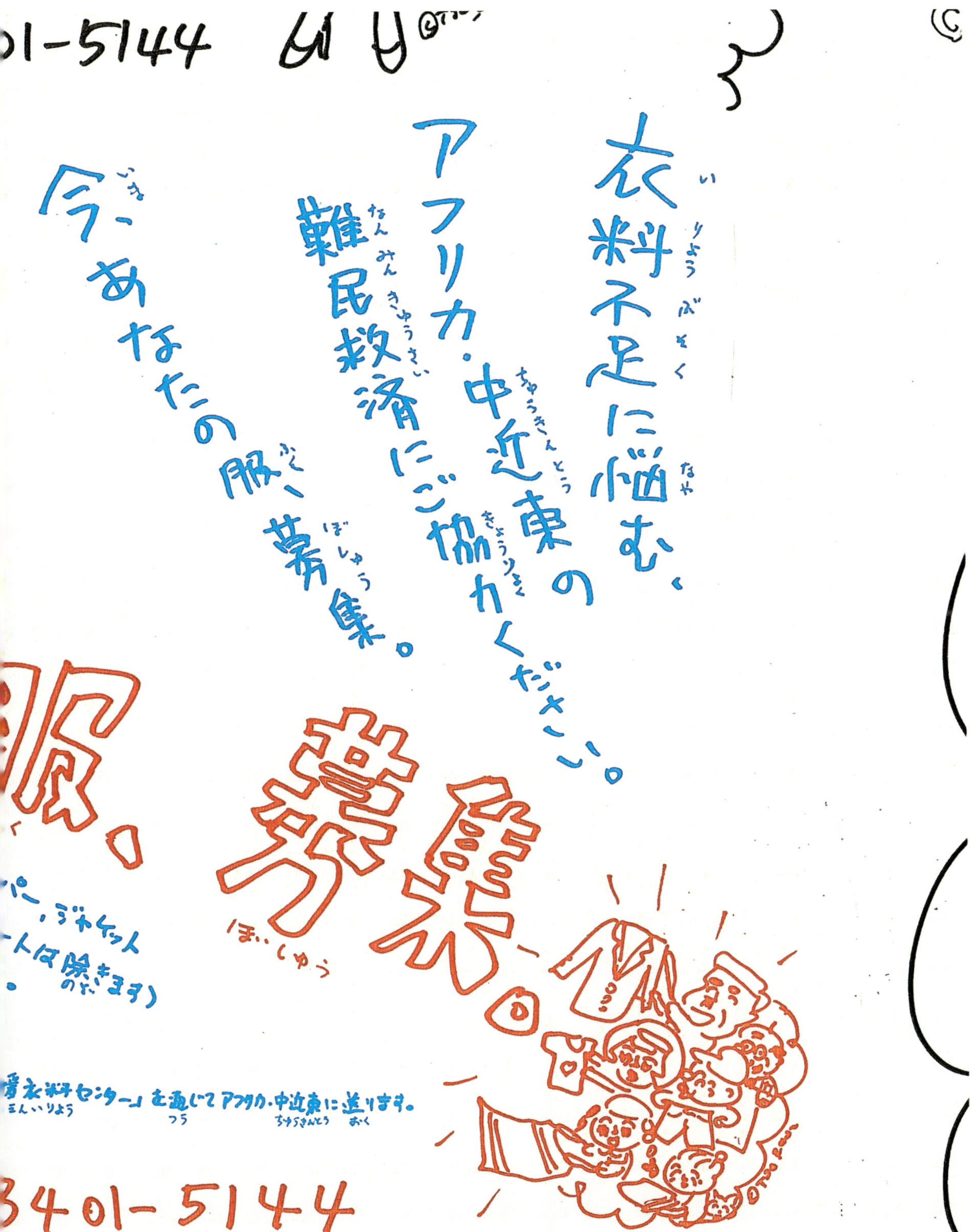

01-5144
衣料《いりょう》不足《ぶそく》に悩《なや》む、
アフリカ・中近東《ちゅうきんとう》の
難民《なんみん》救済《きゅうさい》にご協力《きょうりょく》ください。
今《いま》、あなたの服《ふく》、募集《ぼしゅう》。
服、募集《ぼしゅう》。
パー、ジャケット、
ー人は除《のぞ》きます)
。
衣料《いりょう》センター」を通《つう》じてアフリカ・中近東《ちゅうきんとう》に送《おく》ります。
3401-5144

©TJD,2002
たと
パパ
1シーズ
ジャケッ
衣料
今《いま》、あ
©TJD,2002
表参道交差点
青山通り
ベルコモンズ
地下鉄A4出口
三井住友銀行
SKI SHOP JIRO
D&G(ドルチェ&ガッバーナ)
青南福祉会館
YOKU MOKU
リパーク駐車場
田中屋クリーニング
●受付品《うけつけひん》＝夏冬
タオル
※新品《しんぴん》が
●受付方法《うけつけほうほう》：田中
●受付期間《うけつけきかん》：3月
田中屋《たなかや》クリーニング

ば、

着《き》て、なぜか眠《ねむ》っている

、募集《ぼしゅう》。

に悩《なや》む、アフリカ・中近東《ちゅうきんとう》の難民救済《ちんみんきゅうさい》にご協力《きょうりょく》ください。

の服《ふく》、募集《ぼしゅう》。

シャツ、Tシャツ、トレーナー、セーター、ジャンパー、ジャケット、ズボン、コート
、シーツ、毛布《もうふ》。（スーツ、スカートは除《のぞ》きます）
ニング済《ず》みか、傷《いた》みの無《な》い物《もの》に限《かぎ》ります。
ーニング南青山店《みなみあおやまてん》までお持《も》ち下《くだ》さい。又《また》は洗濯物集配時《せんたくものしゅうはいじ》にピックアップします。
〜5月10日・集《あつ》めた衣料《いりょう》は「日本救援衣料《にほんきゅうえんいりょう》センター」を通《つう》じてアフリカ・中近東《ちゅうきんとう》に送《おく》ります。

青山店《あおやまてん》　Tel. 3401-5144

たとえば、

もらい物《もの》で、封《ふう》を開《あ》けてな

Tシャツ、募集《ぼしゅう》。

衣料不足《いりょうぶそく》に悩《なや》む、アフリカ・中近東《ちゅうきんとう》の難民救済《なんみんきゅうさい》にご協

今《いま》、あなたの服《ふく》、募集《ぼしゅう》。

◎受付品《うけつけひん》＝夏冬衣料《なつふゆいりょう》：シャツ、Tシャツ、トレーナー、セーター、ジャンパー、ジャケット、
タオルケット、シーツ、毛布《もうふ》。（スーツ、スカートは除《のぞ》きます）
※新品《しんぴん》か、クリーニング済《ず》みか、傷《いた》みの無《な》い物《もの》に限《かぎ》ります。

◎受付方法《うけつけほうほう》：田中屋《たなかや》クリーニング南青山店《みなみあおやまてん》までお持《も》ち下《くだ》さい。又《また》は、洗濯物《せんたくもの》集配《しゅうはい》日

◎受付期間《うけつけきかん》：3月20日～5月10日・集《あつ》めた衣料《いりょう》は「日本救援《にほんきゅうえん》衣料《いりょう》センター」を通

田中屋《たなかや》クリーニング南青山店《みなみあおやまてん》 Tel.34

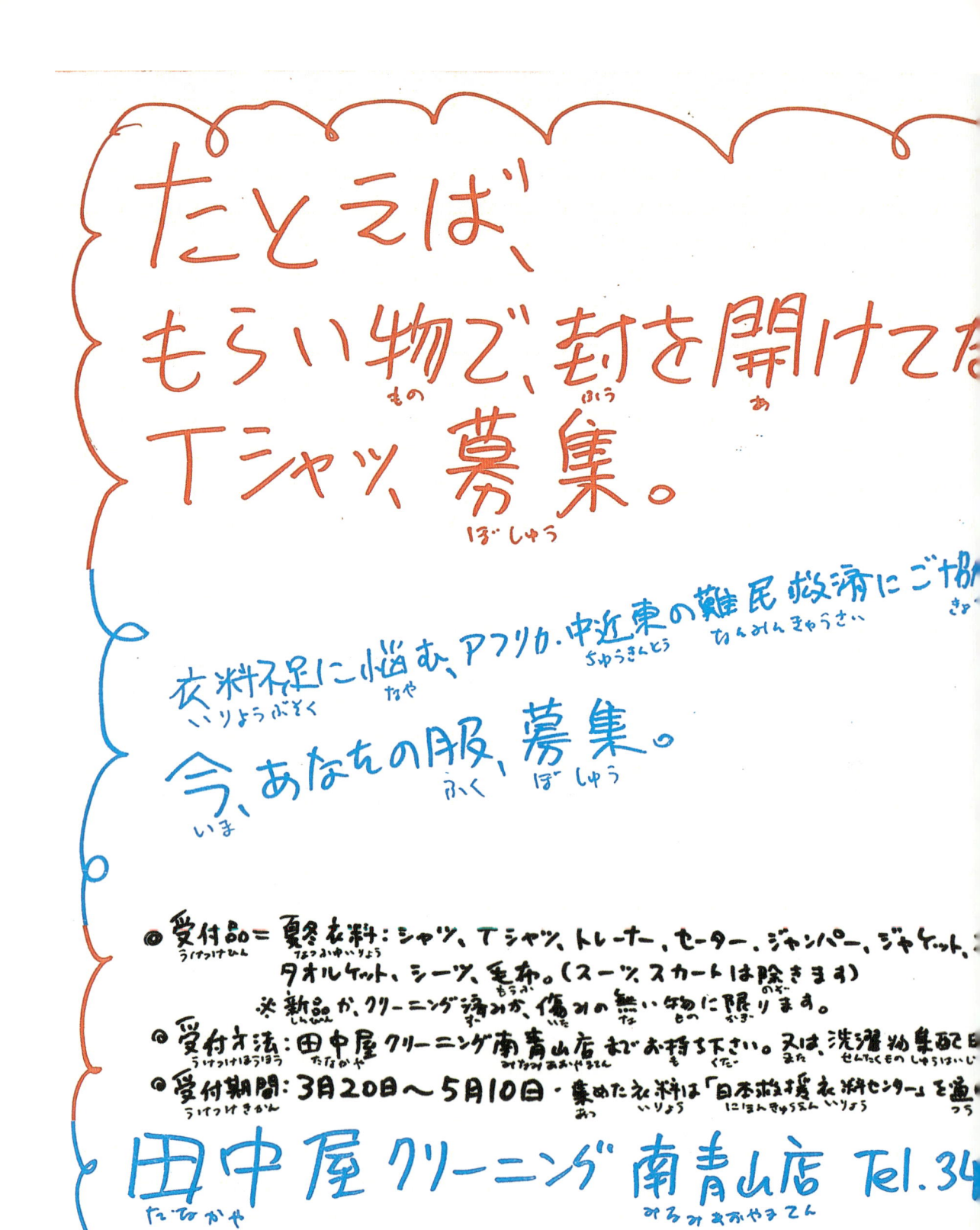

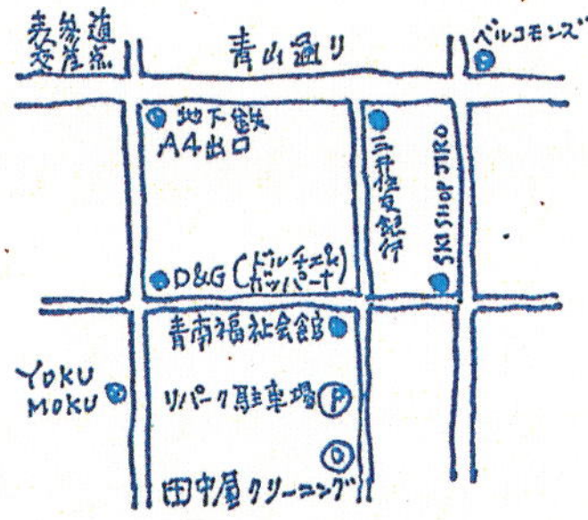
表参道交差点
青山通り
ベルコモンズ
地下鉄
A4出口
三井住友銀行
SKI SHOP JIRO
D&G（ドルチェ＆ガッバーナ）
青南福祉会館
YOKU MOKU
リパーク駐車場
田中屋クリーニング

ださい。

←ママ
©TIO 2002

、コート

ックアップします。

カ・中近東《ちゅうきんとう》に送《おく》ります。

-5144

衣《い》

ア

今《いま》

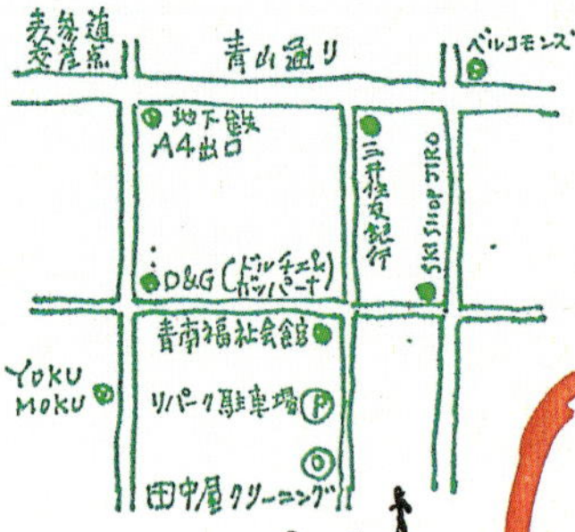

田中屋《たなかや》クリーニング南青山店《みなみあおやまてん》

TEL.3401-5144

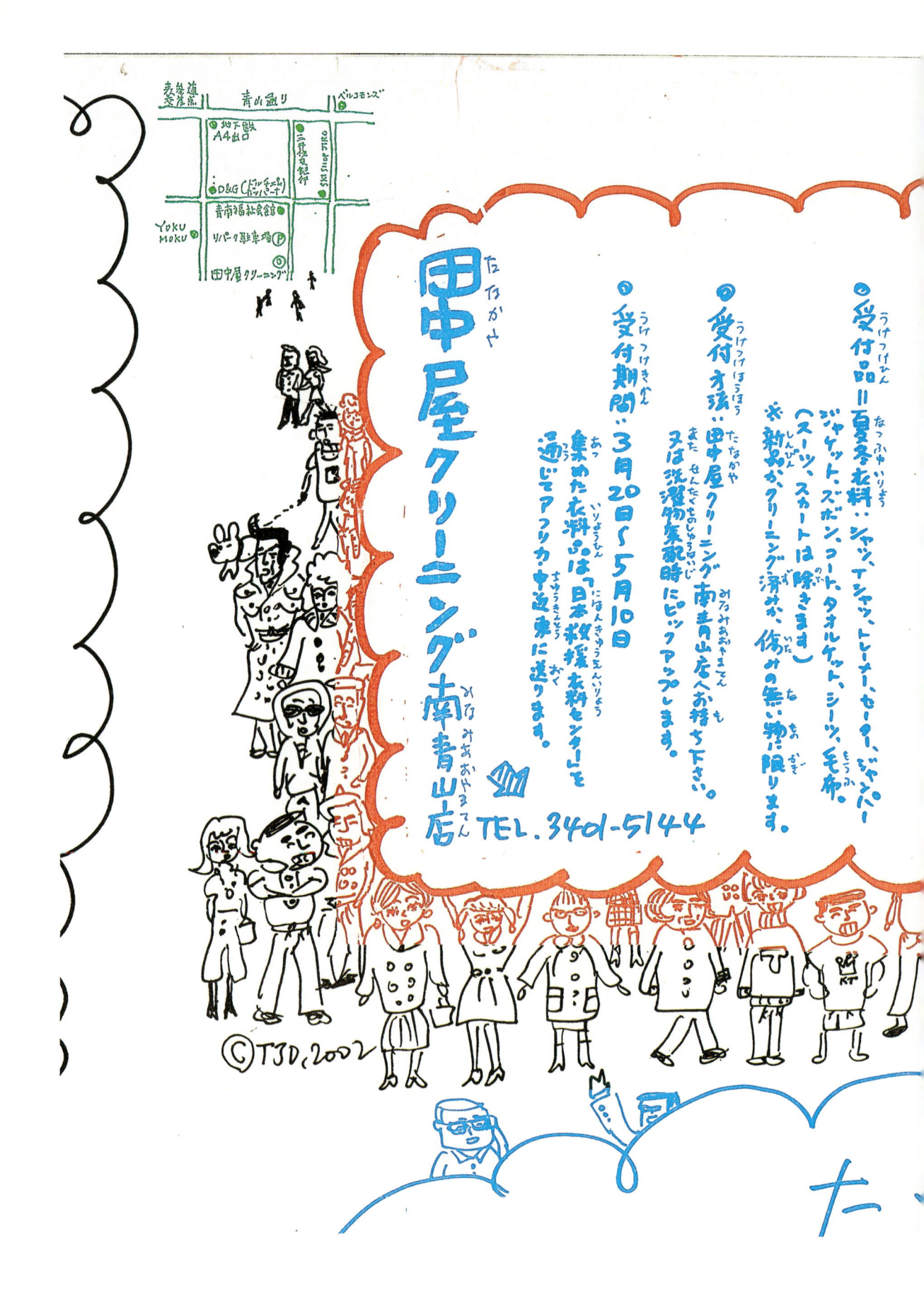

◎受付品《うけつけひん》＝夏冬衣料《なつふゆいりょう》：シャツ、Tシャツ、トレーナー、セーター、ジャンパー
ジャケット、ズボン、コート、タオルケット、シーツ、毛布《もうふ》。
（スーツ、スカートは除《のぞ》きます）
※新品《しんぴん》か、クリーニング済《ず》みか、傷《いた》みの無《な》い物《もの》に限《かぎ》ります。

◎受付方法《うけつけほうほう》：田中屋《たなかや》クリーニング南青山店《みなみあおやまてん》へお持《も》ち下さい。
又《また》は洗濯物集配時《せんたくものしゅうはいじ》にピックアップします。

◎受付期間《うけつけきかん》：3月20日〜5月10日
集《あつ》めた衣料品《いりょうひん》は「日本救援衣料《にほんきゅうえんいりょう》センター」を
通《つう》じてアフリカ・中近東《ちゅうきんとう》に送《おく》ります。

©TJD, 2002

このポスターは
今日《きょう》で終《お》わるけど
服《ふく》の募集《ぼしゅう》は
終《お》わらない。
衣料不足《いりょうぶそく》に悩《なや》むアフリカ・中近東《ちゅうきんとう》の難民救済《なんみんきゅうさい》に
ご協力《きょうりょく》ください。

多摩美術大学

デザイン発想17　奔放さのビジュアライズ

多摩美の「奔放さ」に焦点をあてる

高校生のマインドに向けて発信

完成されないアートの試み

この広告のターゲットは、アートやデザインを志す若い世代だ。多摩美術大学の校是は「自由と意力」。私は卒業生であり、グラフィックデザイン学科で教鞭をとっている。感じていることを集約的にいえば、やはり形にこだわらない自由さがあるところという気がしている。

そこで、この思い切りの自由さ、奔放さを表現のテーマとすることにして、形にとらわれない考え方という見地から、あえて未完成なビジュアルを目指した。しかし、これはかなり困難な作業だ。どうしても形になりそうになってしまう。未完成は、稚拙さと表裏一体の危険性を持っている。形からどれだけ離れられるか。たとえ下手に見えても、稚拙に見えても、その奔放さのイメージに向かおうと考えた。

□ タワーのようなものを何点もスケッチに描きなぐり、そこから感じるものを選んだ。次にデジタルのオペレーション作業で、様々な手法や方向性を模索しながらつくった。Cは西村嘉禮。アートはメッセージを発信するものだ、という前提に立っている。油画、彫刻、芸術学など他学科にまたがって説得性を持つことを指向した。

多摩美術大学
www.tamabi.ac.jp
もし何も伝えたいことがなければ、
人はアートなんて必要としないだろう。

もし何も伝えたいことがなければ、
人はアートなんて必要としないだろう。
多摩美術大学
www.tamabi.ac.jp

多摩美術大学
www.tamabi.ac.jp
もし何も伝えたいことがなければ、
人はアートなんて必要としないだろう。

□ 学生とのコラボレーションを試みた。膨大な量をつくったが、デザインの一致点はなかなか見出せなかった。「未完成の領域」はかなり難しいようだった。キャッチフレーズも学生によるものだ。高校生に最も近い世代として、直接メッセージしてほしいと願ったからだ。ここにも「奔放さ」のコンセプトは生きている。

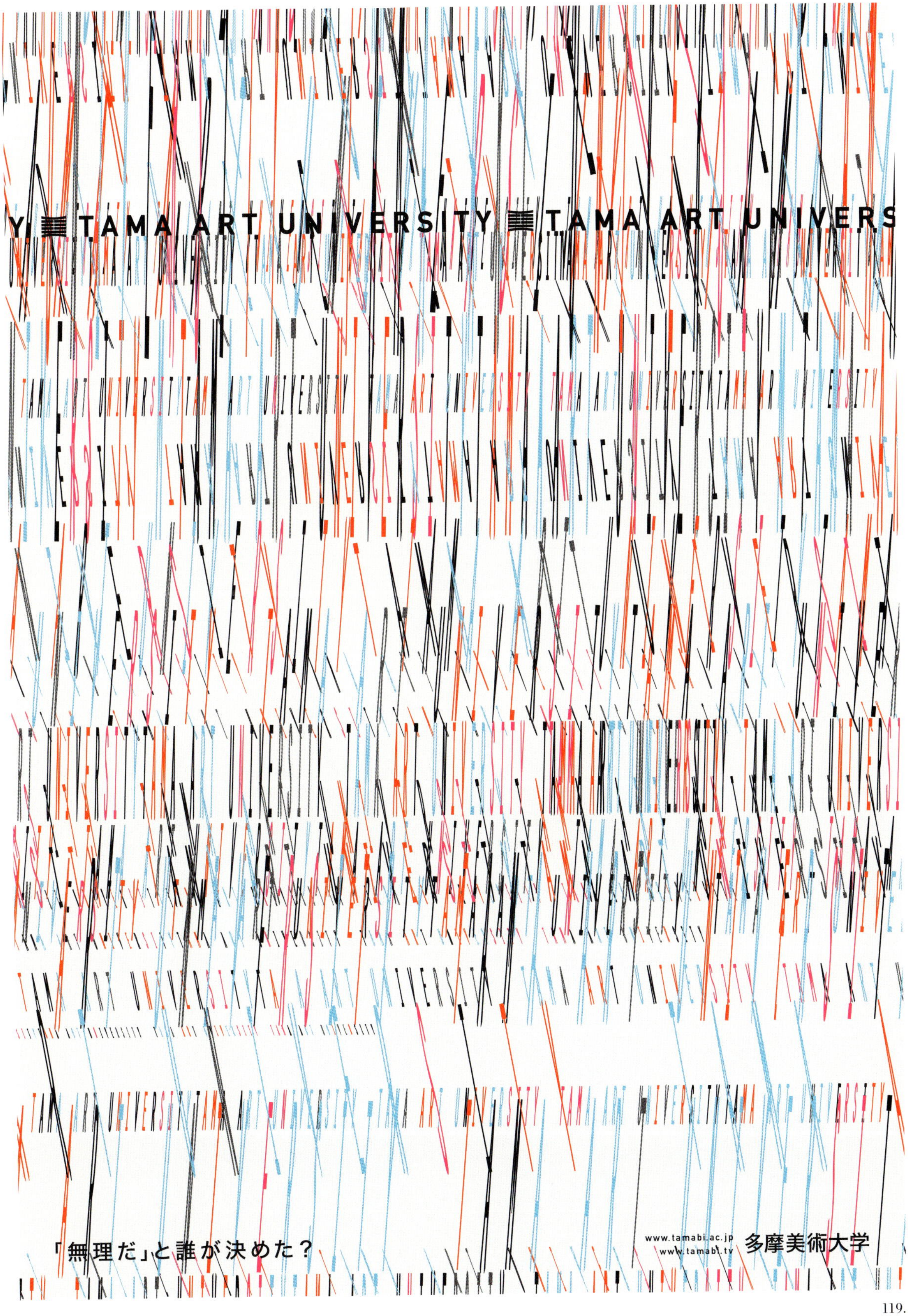
Y TAMA ART UNIVERSITY TAMA ART UNIVERS
「無理だ」と誰が決めた？
www.tamabi.ac.jp
www.tamabi.tv
多摩美術大学

Y TAMA ART UNIVERSITY TAMA ART UNIVERS
「無理だ」と誰が決めた？
www.tamabi.ac.jp
www.tamabi.tv
多摩美術大学

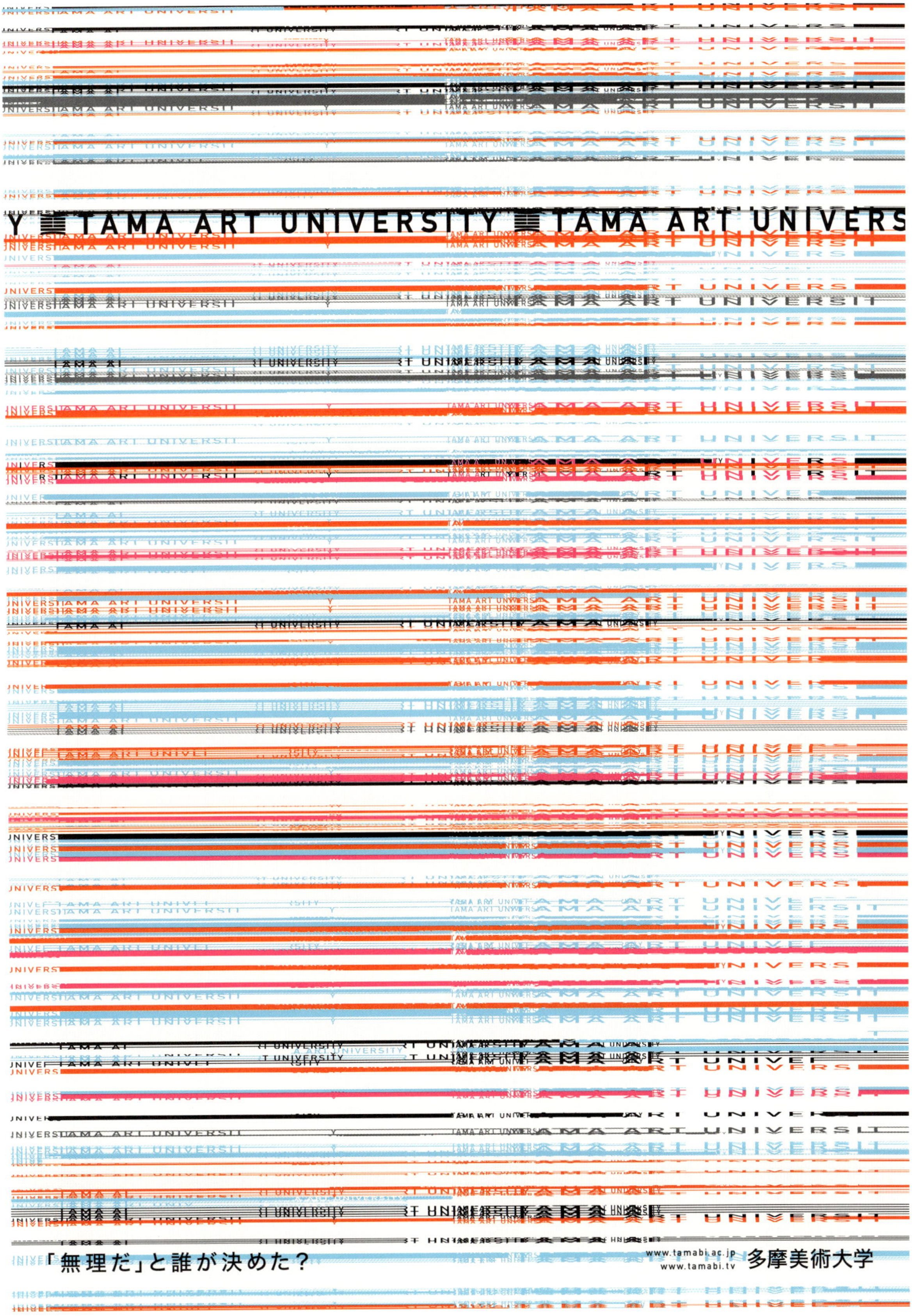
TAMA ART UNIVERSITY
「無理だ」と誰が決めた？
www.tamabi.ac.jp
www.tamabi.tv
多摩美術大学

□ グラフィックデザイン学科の教授とのコラボレーションを試みた。P 十文字美信、C 西村嘉禮。学生やアトリエを素材にすることを十文字と話し合った。出来上がった写真を受け取った時、写真家の作品に近い印象を受けた。西村の言葉「ワタシはピカソ。」が、写真に広告の視点を与えた。

ワタシは
ピカソ。
www.tamabi.ac.jp
www.tamabi.tv
多摩美術大学

オレも
ピカソ。
www.tamabi.tv
多摩美術大学

ピカソだぜ。
www.tamabi.ac.jp
www.tamabi.tv
多摩美術大学

クリエイティブディレクション ワーク
デザイン発想18～23 クリエイティブ フレームの開発

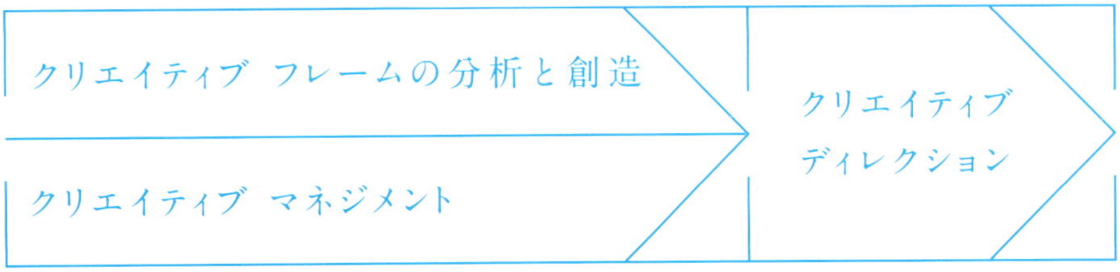

広告は、企業や商品、それを取り巻くマーケティング状況を前提にしてつくられる。クリエイティブディレクション（CD）は、それら全体の方向性をつかみ、クリエイティブのフレームを構築する仕事だ。一般的にはアートディレクター（AD）やコピーライター（C）のキャリアを経た人がその役割を担うのだが、ADやCの仕事をやりながら同時にCDを兼ねる場合も少なくない。

本書ではこれまで17のデザイン発想を分析してきたが、いずれも私がAD、あるいはCD/ADの肩書きで進めてきた仕事を実例としている。デザイン発想18～23では、それらとちょっと違った仕事の進め方、CDとしてのクリエイティブ ワークを紹介したい。

これらの仕事では、まずキーとなるものの考え方やイメージの全体像を固めてから、それに最も適任であると考えられるスタッフの人選に入るのだが、特にADの選定にはエネルギーを注いだ。ここでは、CF、グラフィック、さらに展覧会の企画や、イベントに至るまでの仕事を対象として、いろいろな人たちとのコラボレーションに触れることにする。

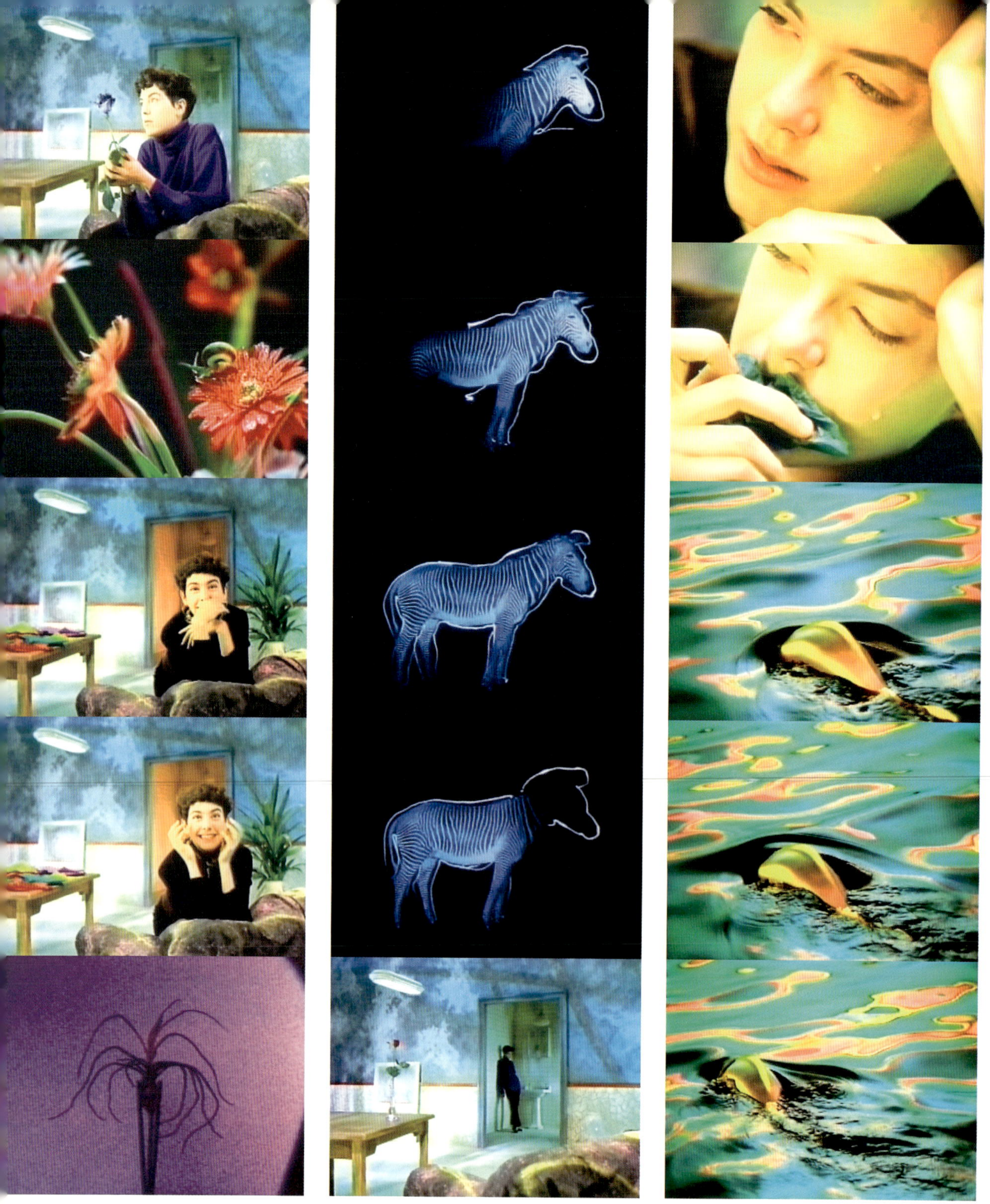

クリエイティブディレクション ワーク デザイン発想18 / VIVRE：李泰栄

CPR鈴木百合子、CD/C岡部正泰が、VIVREのクリエイティブの骨格をつくっていた。そこにアートサイドのCDとして参加した。流通業界の広告は、時代の先端をどうとらえるかが問われる仕事だ。複数のFDや、ADを分析した。CFではFD/PLに李泰栄を選んだ。女性の微妙な心理をつかみ、映像の未知の分野に挑む表現者だった。CA石川三明。

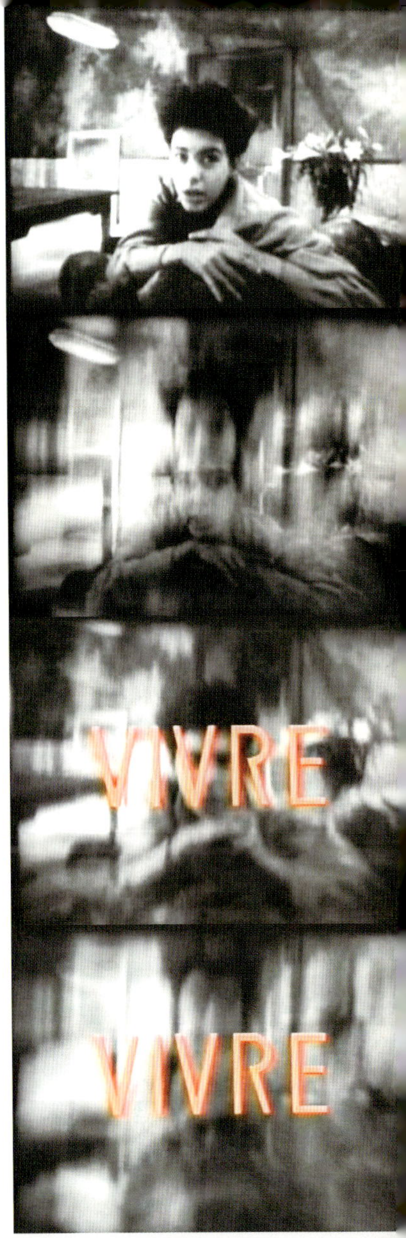

125.　VIVRE／ゼブラの夢篇

NA／S：
大きな瞳、ください。
VIVRE
CI

VIVRE
VIVRE

126.　VIVRE / MARIA篇

NA：
女のおかげ。男のおかげ。
VIVRE
CI

クリエイティブディレクション ワーク デザイン発想18 / VIVRE：タナカノリユキ

グラフィックアートと広告の融合を模索した。タナカノリユキのアートワークが、VIVREのビジュアルキャラクターになると考えた。彼からグラフィックペイントボックスの手法が提案された。初めての作業の日、二人でコンピュータに向かっていたら、いつのまにか朝になっていた。その時の彼の未分野への試みには感じるところも多く、それからのVIVREの仕事が楽しみになった。P 横須賀功光。

VIVRE

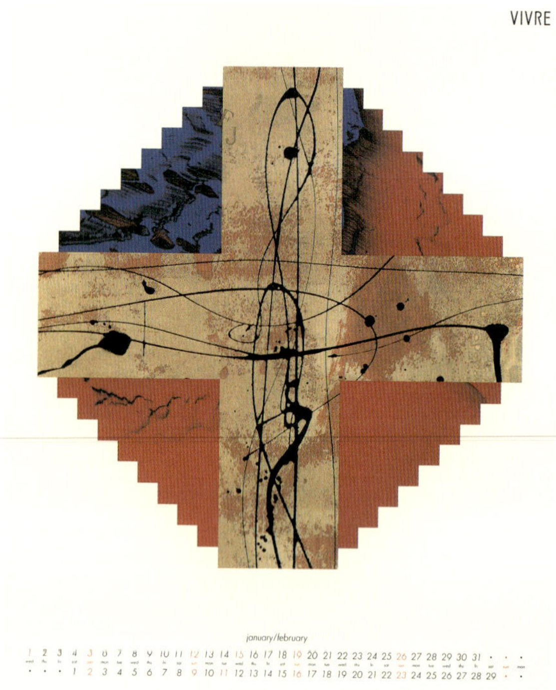

128.

129.

クリエイティブディレクション ワーク デザイン発想18 / VIVRE：澤田泰廣

VIVREのカレンダーを、グラフィックデザインの匂いの強いもので表現しようと考えた。硬質で清潔感のある作品をつくり続けていた、澤田泰廣に依頼した段階で、VIVREのためのグラフィックアートが創出されることを確信した。130. 131.
P 数永精一。

1 JAN 1 2 3 4 5 6 7 8 9 10 11 12 13 14 15 16 17 18 19 20 21 22 23 24 25 26 27 28 29 30 31 1 2 3
FRI SAT SUN MON TUE WED THU FRI SAT SUN MON TUE WED THU FRI SAT SUN MON TUE WED THU FRI SAT SUN MON TUE WED THU FRI SAT SUN MON TUE WED
2 FEB. 29 30 31 1 2 3 4 5 6 7 8 9 10 11 12 13 14 15 16 17 18 19 20 21 22 23 24 25 26 27 28 1 2 3
VIVRE

11 NOV. 1 2 3 4 5 6 7 8 9 10 11 12 13 14 15 16 17 18 19 20 21 22 23 24 25 26 27 28 29 30 1 2 3
MON TUE WED THU FRI SAT SUN MON TUE WED THU FRI SAT SUN MON TUE WED THU FRI SAT SUN MON TUE WED THU FRI SAT SUN MON TUE WED THU FRI
12 DEC. 29 30 1 2 3 4 5 6 7 8 9 10 11 12 13 14 15 16 17 18 19 20 21 22 23 24 25 26 27 28 29 30 31
VIVRE

VIVRE
なにか買物があったなあ。

132.

クリエイティブディレクション ワーク デザイン発想18 / VIVRE：清水正己

坂本龍一をCFとグラフィックで展開することになった。CFとは違う独自なビジュアル表現を狙って、ADは清水正己に依頼した。特にエディトリアルデザインの分野で優れた仕事をしていた、彼の写真感覚に期待した。P坂田栄一郎。

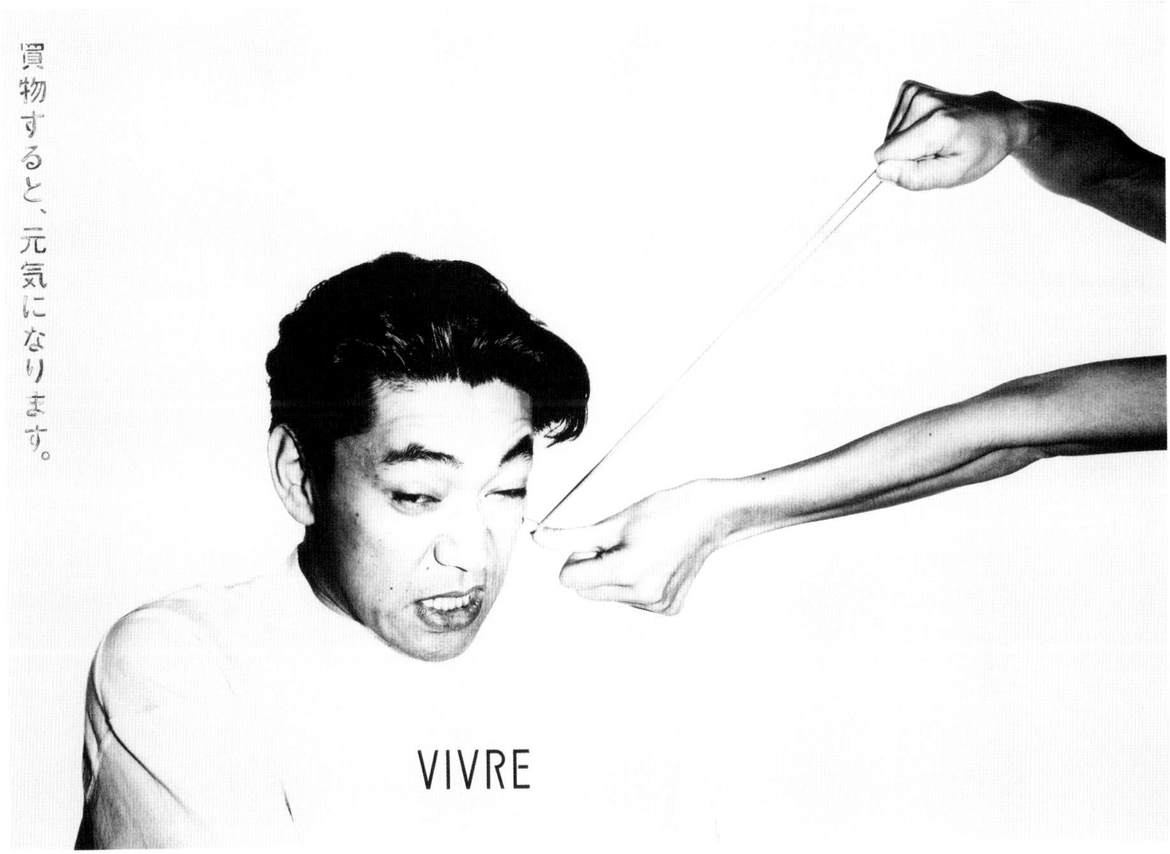
買物すると、元気になります。
VIVRE

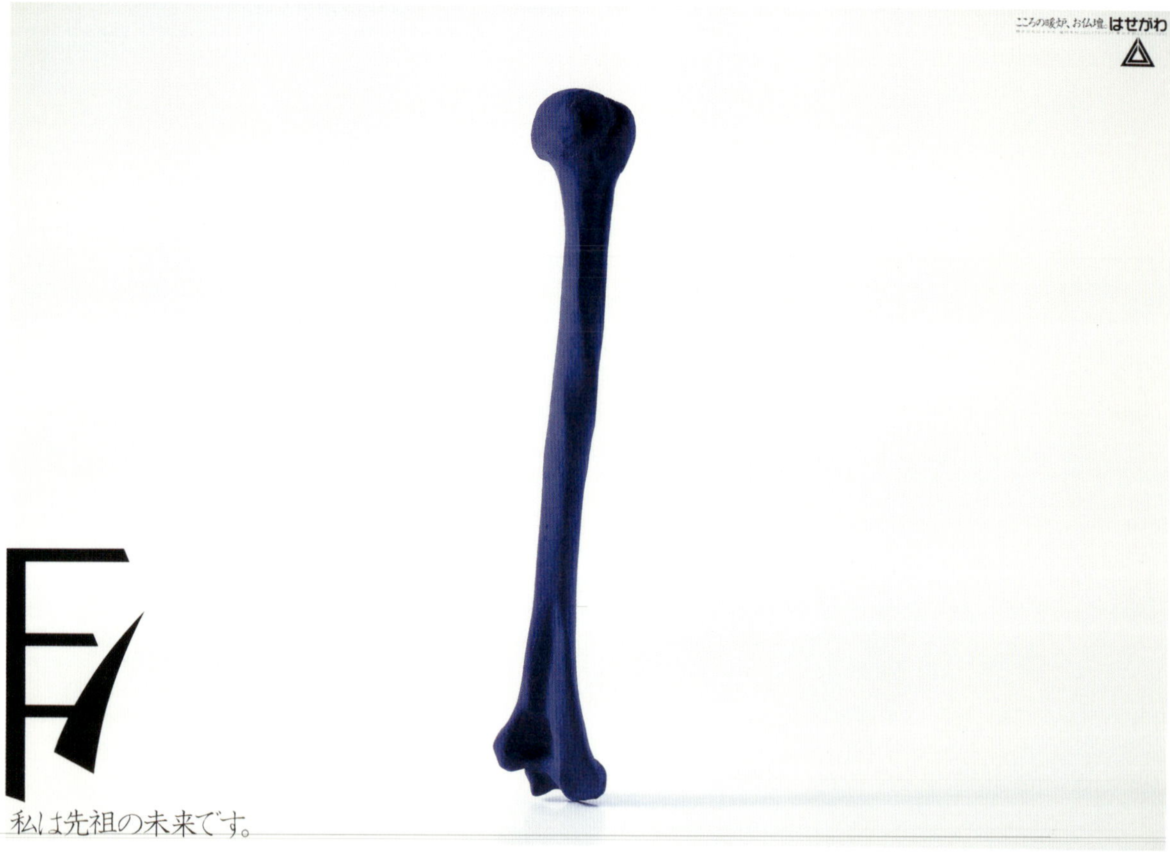

134.

クリエイティブディレクション ワーク デザイン発想19/はせがわ:サイトウマコト

「生と死」を、宇宙のスケールでとらえることをコンセプトに、「生」のシンボルとして子宮の発想が生まれ、骨盤につながった。CD/Cの岡部正泰とここまで話し合い、次のステップでADサイトウマコトのアーティフィシャルな存在に委ねた。P操上和美。

私は未来の先祖です。
こころの暖炉、お仏壇。はせがわ

クリエイティブディレクション ワーク デザイン発想20/カネボウ モルフェ

カネボウのリーディングブランド「モルフェ」の3分CF。その位置づけから企業広告の役割も果たしている。女性の美しさを、知性美との関係で語ることをコンセプトにつくられた。ここでは、建築家アントニオ・ガウディに興味を抱く女性をテーマにしている。FD/CAの高崎勝二と二人で演出を担当した。CD/Cは長沢岳夫、「何気ない美しさが輝いて見える」のコピーは、今も変わらない女性の美しさの本質だ。ナレーションコピーにC田中清美が加わることで女性の柔らかな視点が入った。

136. モルフェ ガウディ篇

S:
Intelligence. インテリジェンス　カネボウ化粧品

NA:
建築家アントニオ・ガウディ。彼と初めて出会ったのは1冊の写真集でした。
そのときからガウディの名前は、私の胸から消えることはなかったのです。

S:
アントニオ・ガウディ——　1852年スペインに生まれる。74歳の生涯を痛烈なまでに建築創作にかける。
サグラダ・ファミリア聖堂は、現在も彼の意志を継ぎ、建築中。

NA:
今、私はバルセロナにいます。ガウディの街バルセロナ。巨大な石の建築は、限りない宇宙を慈しむようにそびえていました。
人がものをつくり、ものを生み出す。このことは一体なんなのでしょうか。ガウディはどんな人だったのでしょうか。
冷たい石の中から彼の体温が伝わってくるようです。少しでも彼の愛、苦しみ、喜びを感じたいと思います。

自分を見つめ続けてきた人はどんな目をしているのでしょうか。彼の優しさに満ちたまなざし、美しい目を持ちたいと思います。

サグラダ・ファミリア聖堂、グエル公園、カサ・バトリョ。
見つめても、見つめても、時間では埋め尽くせません。ガウディには時間を超えた命を感じます。

もっと深い目を持ちたいと思います。心で感じる目を、持ちたいと思います。

今、あなたの瞳は何を見つめていますか?
何気ない美しさが輝いて見える。カネボウモルフェ

NA:
For Beautiful Human Life.
CI

Intelligence.
インテリジェンス
カネボウ化粧品
Intelligence.
インテリジェンス
アントニオ・ガウディ——
1852年スペインに生まれる。
アントニオ・ガウディ——
1852年スペインに生まれる。
74歳の生涯を痛烈なまでに
74歳の生涯を痛烈なまでに
建築創作にかける。
サグラダ・ファミリア聖堂は、
現在も彼の意志を継ぎ、
建築中。

Kanebo
MORPHÉE

クリエイティブディレクション ワーク　デザイン発想21 / アドバタイジング・アート史展

戦後50年のアドバタイジングとグラフィックデザインを提示することで、そこから見えてくる時代との関係や、現代に通じるクリエイターの思考を検証することが、展覧会の狙いだ。東日本鉄道文化財団から相談を受け、3ヶ月にわたって様々な角度から可能性を追求し企画した。亀倉雄策、中村誠、永井一正、田中一光、土屋耕一、福田繁雄に監修を、柏木博、梶祐輔、清水啓一郎に展覧会の骨子となる概要をお願いした。会場構成は、ミニチュアモデルをつくり、同じ縮小率の作品を置いて、1ヶ月ほど試行錯誤を繰り返して完成した。オープニングの日、展示された1965年制作のペルソナ展のポスターを出品作家である田中一光と細谷巖のお二人が見て、「会場のレンガの壁面に映えて、とてもいいね」と話していた。それを聞いて、設営サイドとしての喜びを感じたものだ。

一般論として、美術品ではない広告を美術館で展示することや、時代に生き、メディアも限定されているものを、違う場所に置くことへの疑問を呈する人もいるが、あえて美術館への展示を試みることで、その魅力や価値の大きさを人々に感じてほしかった。それがこの展覧会への私の出発点だ。すでにこの企画にのめり込んでいた私は、もう一方で展覧会を客観視できる人として、葛西薫を選び、ポスターのアートディレクターをお願いした。

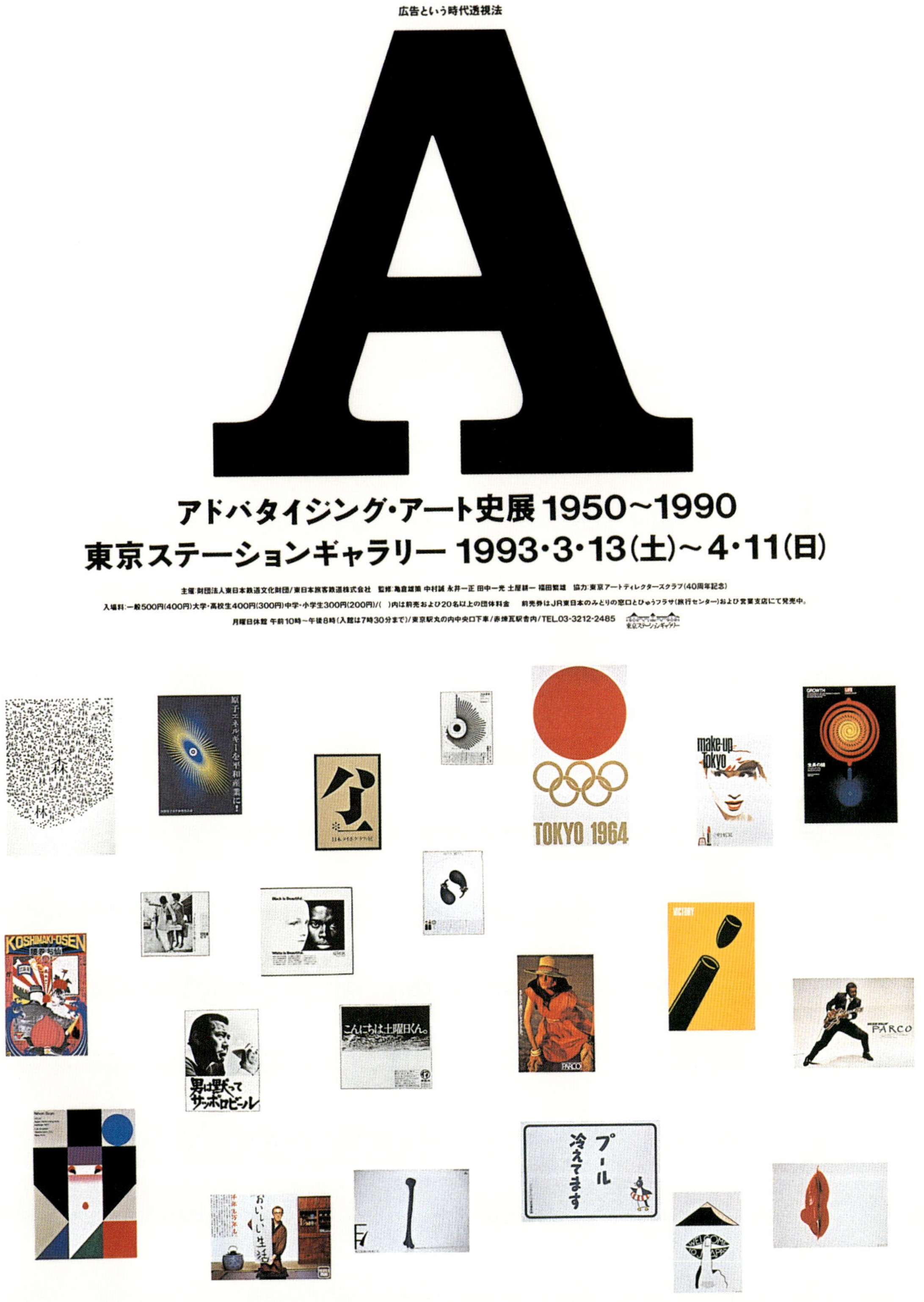
広告という時代透視法
A
アドバタイジング・アート史展 1950〜1990
東京ステーションギャラリー 1993・3・13(土)〜4・11(日)
主催:財団法人東日本鉄道文化財団/東日本旅客鉄道株式会社　監修:亀倉雄策 中村誠 永井一正 田中一光 土屋耕一 福田繁雄　協力:東京アートディレクターズクラブ(40周年記念)
入場料:一般500円(400円)大学・高校生400円(300円)中学・小学生300円(200円)/( )内は前売および20名以上の団体料金　前売券はJR東日本のみどりの窓口とびゅうプラザ(旅行センター)および営業支店にて発売中。
月曜日休館 午前10時〜午後8時(入館は7時30分まで)/東京駅丸の内中央口下車/赤煉瓦駅舎内/TEL.03-3212-2485
東京ステーションギャラリー
原子エネルギーを平和産業に！
TOKYO 1964
make-up Tokyo
GROWTH
KOSHIMAKI-OSEN
VICTORY
PARCO
こんにちは土曜日くん。
男は黙ってサッポロビール
プール冷えてます
おいしい生活
WELCOME TO JAPAN

クリエイティブディレクション ワーク デザイン発想22／アートディレクションの可能性（ADC大学2007）

アートディレクターが活躍する舞台は、いまや飛躍的に拡大しているようにみえる。そしてその役割は、社会環境や企業などが抱える問題を分析し、本質とは何かを問い、解決への道をコンセプトとして示すことから、最終表現の実施に至るまで実に多岐にわたっている。そのコンセプトの設定方法、考え方には、すでにビジュアルへの流れが含まれており、このシンプルな方法論が、アートディレクターの表現力を進化させ、その領域を多面的に拡げていると言える。たとえば、日本の景観を著しく損なっているもののひとつに電信柱があるが、厳密に言えば都市計画の専門家の仕事かもしれないこうした問題に対しても、アートディレクションの機能が、いつか新しい解決策を与える日が来るかもしれないのである。

『アートディレクションの可能性』と題したこの本は、国立新美術館と東京アートディレクターズクラブが共同主催したADC大学2007のトークセッションをベースに、参加したメンバーにテキストをフィードバックし、加筆修正を経て、編集したものだ。

ADC大学の実行委員会は、佐藤可士和、服部一成、工藤青石、それに中島祥文の4名。メンバーの設定や、会場の場所、聴講者の対象を20歳代のデザイナーを中心にすることなど実行計画をこの委員会で決定した。

会場には国立新美術館の協力が得られ、ファインアートの枠を超えデザインを含む多様な芸術ジャンルの啓蒙に力を注ぐ、という同館の趣旨に沿うということから、共同主催が実現した。2日間の会期で、18名のパネリストによる6つのセッションが実施された。

パネリストは、以下のテーマをそれぞれに提案し、熱い議論の場となった。

セッションA　永井一史　葛西薫　宮田識　「考えのデザイン、かたちのデザイン」
セッションB　中島信也　大貫卓也　佐々木宏　「ところでなんかの役に立ってるんだろうか　オレたち」
セッションC　工藤青石　川口清勝　松永真　「AD・悪戦苦闘」
セッションD　服部一成　平野敬子　タナカノリユキ　「個人・組織・社会」
セッションE　佐藤可士和　原研哉　佐藤卓　「3人の、目に見えない中心」
セッションF　佐野研二郎　副田高行　浅葉克己　「気配の感覚」

各セッションのトークで明らかにされたのは、ここ数年のアートディレクションの流れが着実に発展を遂げ、領域の拡がりも顕著になってきたことだ。そして、それぞれの事例に則した方法論の展開による魅力ある仕事が多数報告された。その結果、ひとつにまとめ切ることはできないが、個別ごとの具体性ある「デザイン論」もしくは「アートディレクション論」が浮き彫りになっていると私には思えた。これは何よりの収穫であった。

右の写真は、佐藤可士和の「ふじようちえん」の仕事だ。彼は全国の幼稚園を見て歩いた結果、「幼稚園そのものを巨大な遊具としてとらえる」というコンセプトを考えた。たとえば屋根の上がグラウンドになっているとか、教室の中を大きい木が抜けているとか。これはセッションでの一例だが、「アートディレクションの可能性」を象徴する話となった。

またADC大学からこの本の装丁までのエデュケーショナルな視覚を、AD服部一成はニューグラフィックイメージで表現した。

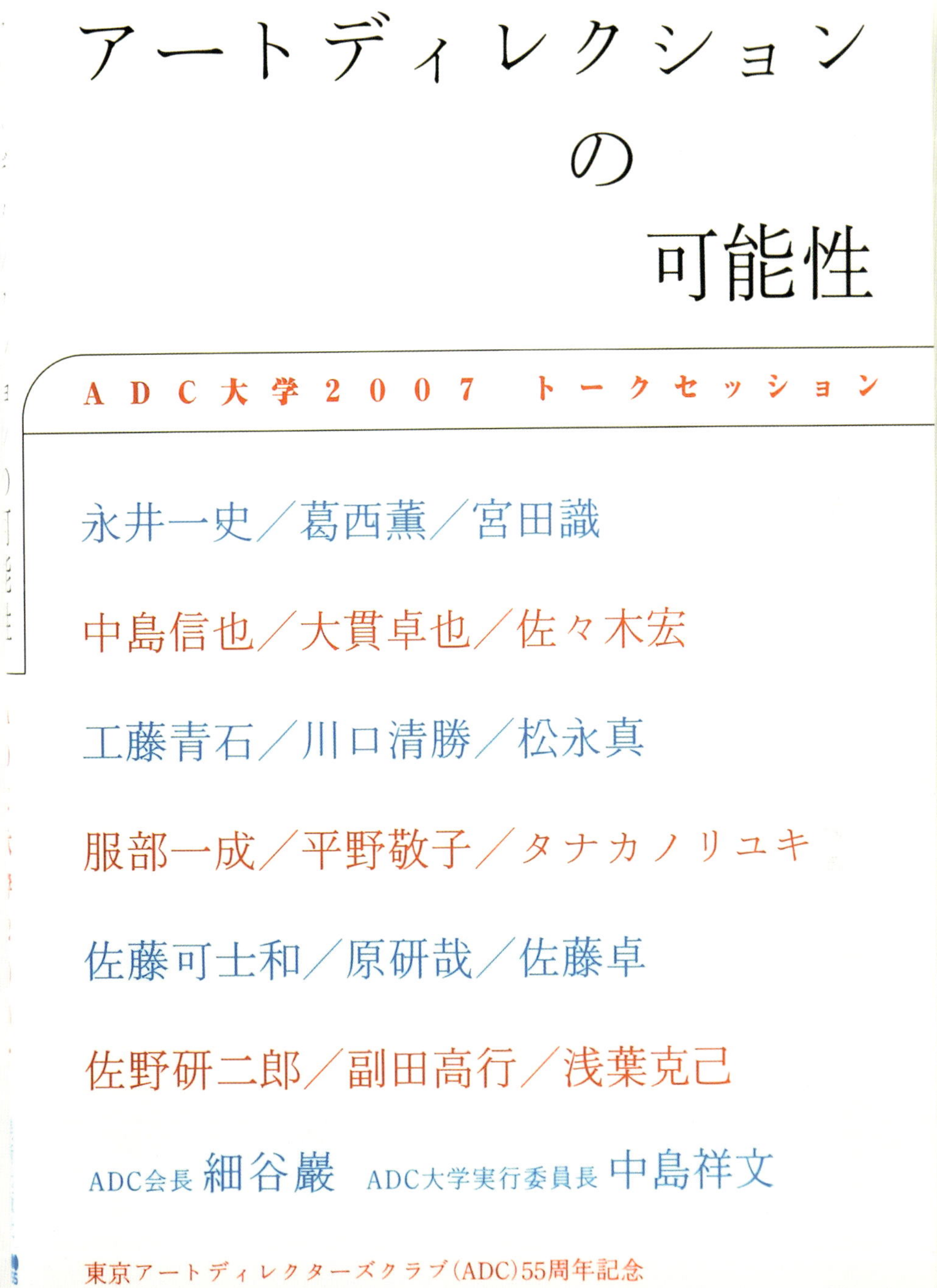
アートディレクションの可能性
ADC大学2007 トークセッション
永井一史／葛西薫／宮田識
中島信也／大貫卓也／佐々木宏
工藤青石／川口清勝／松永真
服部一成／平野敬子／タナカノリユキ
佐藤可士和／原研哉／佐藤卓
佐野研二郎／副田高行／浅葉克己
ADC会長 細谷巖 ADC大学実行委員長 中島祥文
東京アートディレクターズクラブ(ADC)55周年記念

クリエイティブディレクション ワーク デザイン発想23 / 高校生のためのデザインワークショップ

国立新美術館より、幅広い層を対象に積極的にアートを体験する取り組みとしての教育普及活動の話があり、何回かのミーティングを重ねた結果、高校生を対象としたデザインワークショップを企画・開催することになった。ワークショップは2日間各定員40人。講師は、ADC大学2007同時開催もあってADCメンバーの、浅葉克己、松永真、永井一史にお願いし、そこにプロデュース役の中島祥文が加わった。テーマは、1日目が「自分の高校のシンボルマークをつくろう」、2日目が「自分自身のシンボルマークをつくろう」で行われた。1日4時間、①デザインについてのレクチャー、②シンボルマークの制作、③高校生からのプレゼンテーション、④講評、の構成で行われた。

講義は、デザインをする前に「自分の高校」や「自分自身」を分析し、最も本質的なことを見つける作業から始めた。そして、それを伝えるためのデザインとは何かに全員が挑戦した。右ページに優秀作品を掲出しているが、デザインがまだつかみきれていない彼らだからこそできる魅力的な作品が多く見られ、改めてデザインのプリミティブな一端を感じさせる刺激的な2日間となった。

「高校生のためのデザインワークショップ」の優秀作品から
左の６作品の課題は
「自分の高校のシンボルマークをつくろう」
右の５作品の課題は
「自分自身のシンボルマークをつくろう」

もうひとりの山名文夫展
デザイン発想24　先駆者へのオマージュ

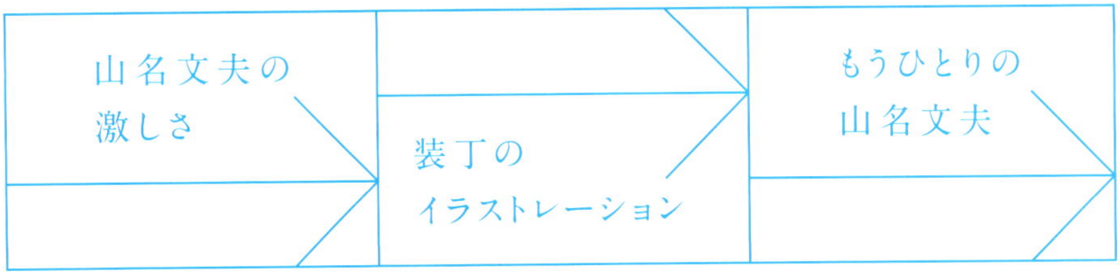

山名文夫（1897～1980年）は、言うまでもなく日本のグラフィックデザイン界の先駆者であり、資生堂のイラストレーションで新しい女性像を描き、マークやタイポグラフィの分野を確立させ、デザインポリシーの礎を創った人として知られている。しかしこの展覧会が、「もうひとりの山名文夫展」ということで、これまで知られていない異質な側面からビジュアルを探した。

山名文夫は1945年から2～3年の間、多くの装丁デザインをしているが、そこでは資生堂で描かれた女性像とは明らかに違う、人間性の内奥に迫った、ミステリアスで苦悩に満ちた女性を描いていた。私は、そうした彼のアーティストとしての激しさや、情念的な一面を多くの人に伝えたいと思った。

ここに紹介する3点のビジュアルは、装丁デザインとして表紙のタイトルやその他の文字との組み合わせで印刷されていたものだが、そこから絵だけを抽出してオリジナルのポスターに仕上げた。

山名文夫は、私の多摩美術大学時代の図案科の主任教授だった。その先生の現代に甦る展覧会ということなので、多摩美のキャンパスに是非とも掲示したいと考え、さらに会場のギンザ・グラフィック・ギャラリーにおけるトークショーの時に使用する目的もあって、自主的にポスターを制作した。ここに掲載された作品は、ビジュアルがより生きる形にリデザインしている。

□ 絵は使わずにタイポグラフィだけでデザインした展覧会の告知ポスターだ。1950年、戦後デザイン界の基盤となった日本宣伝美術会が創立され、彼は初代委員長になった。この会のマークは、10人くらいのメンバーによるコンペティションが行われて、山名文夫のデザインが選定されている。彼はこの会の印鑑もデザインした。しかし、実際には使用されておらず、個人的な試作に終わっている。私はこの印鑑をベースに、日本宣伝美術会の文字を山名文夫展に置き換えてデザインした。140.は、そのイメージを踏襲することで先生へのオマージュとした。

AYAO·YAMANA·EXHIBITION·
1920-1970
山名文夫展
AYAO·YAMANA
もうひとりの山名文夫 1920s-70s
会期:2004年12月1日(水)—22日(水)日曜・祝日休館 11:00—19:00(土曜は18:00まで)/入場無料 会場:ギンザ・グラフィック・ギャラリー 中央区
銀座7-7-2 DNP銀座ビル1F、B1F Tel:03-3571-5206 後援:株式会社資生堂 多摩美術大学 http://www.dnp.co.jp/gallery/index.html

AYAO·YAMANA·EXHIBITION·
山名文夫展
1920-1970

AYAO·YAMANA·EXHIBITION·
山名文夫展
1920-1970

AYAO·YAMANA·EXHIBITION·
山名文夫展
1920-1970

対談：受け継がれるデザイン　葛西薫+中島英樹（with中島祥文）

葛西薫（かさい・かおる）
1949年北海道生まれ。
文華印刷株式会社、
株式会社大谷デザイン研究所を経て、
1973年株式会社サン・アド入社。
現在に至る。主な仕事に、
サントリーウーロン茶（1982〜）、
ユナイテッドアローズ（1997〜）、
虎屋（2002〜）など、
広告のアートディレクションがある。
そのほか、汐留タワー、TORANOMON TOWERS、
サントリー台場ビル・大阪本社のCIサイン計画、
都立総合つばさ高等学校のアートワーク
「Wisdom on Wall」、
虎屋・TORAYA CAFÉのパッケージ
および一連のデザインワークなど。
また、映画・演劇の宣伝美術・タイトルワーク、
書籍の装丁も手がける。
朝日広告賞（1974）、
毎日デザイン賞（1998）、
東京ADCグランプリ（1999）、
講談社出版文化賞ブックデザイン賞（1999）、
日本宣伝賞・山名賞（1999）
など受賞歴多数。

中島英樹（なかじま・ひでき）
1961年埼玉県生まれ。
株式会社ロッキング・オンを経て、
1995年有限会社中島デザイン設立。
1999年坂本龍一、空里香、後藤繁雄との
ユニット「code」に参加。
2004年「POCKO」（ロンドン）に参加。
主な仕事に
『CUT』（ロッキング・オン）、
坂本龍一のCDパッケージの
アートディレクションなど。
東京ADC賞（1999）、原弘賞（2007）、
ブルノ・ビエンナーレ2000
［ベスト・デザイン賞］（2000）、
東京TDC賞グランプリ（2006）、
第34回講談社出版文化賞
ブックデザイン賞（2003）、
ニンボー・ポスター・ビエンナーレ2004
［ワン・シュー賞］（2004）
など受賞歴多数。
また、1995年から2000年まで
6年連続でニューヨークADCを
受賞するという快挙を成し遂げた
（金賞5回、銀賞7回）。

真似ること、学ぶこと

葛西薫：若かった頃、中島祥文さんのデザインを真似していたことがあるんです。

中島英樹：おこがましいですが、ぼくもそうでした。

葛西薫：もっと正確に言うと、アートディレクションというものを意識した時に、祥文さんがやっていることが、非常に参考になった。もちろん、デザインすることは好きだったし、自分なりに考えていたんですが、ただ、アートディレクションとデザインは、やっぱり違うものなんですよ。

中島英樹：ええ、そうですよね。よく、いっしょくたにされてしまいがちですが。

葛西薫：たとえば、タイポグラフィのことを徹底して考えるのは“デザイン”ですよね。それはそれで、大好きなんです。けれども、広告やコミュニケーションということを考えた場合、伝える相手と向きあわなければいけない。つまり、デザインを機能させることを考えなければならない。

中島英樹：祥文さんの広告は、ある意味、正統というか、王道ですよね。いわば、隙がない。“大人の仕事”だと思います。

葛西薫：ぼくにとっては、まず、何といっても〈ウールマーク〉の広告が印象に残っています。それにくらべると、当時、自分が手がけていた広告は、子供っぽいんじゃないかと思う。

中島英樹：品格があるんですよ。と同時に、そこに野性的なものや、官能的なものが潜んでいる。“正統”や“王道”、あるいは“大人の仕事”なんて言うと、悪い意味で、常識的だったり、枠の外にはみ出るものがなかったりするんですが、祥文さんの広告には、どこか個人的な視線が感じられる。それが、人間味や生々しさにつながっているのではないでしょうか。

葛西薫：祥文さんの広告は、単純に“美しい”。たとえば、白地と黒地の絶妙なバランスとか、タイポグラフィの組み方とか、それらの配置とか……。そういったデザイン面での要素が、徹底的に考えられている。適切なものが適切な場所に置かれている気がする。まずは、そういう目に見える部分に惹かれました。

中島英樹：でも、それをきっちり踏まえたうえで……。

葛西薫：そうなんです。広告の場合、見た目の美しさって、それ自体が目的ではないですよね。つまり、到達すべき目標があり、デザインはそこに辿り着くための道筋でしかない。けれども、だからこそ、文字組やレイアウトは大切にすべきなんだと。当時、祥文さんの仕事からは、そういうメッセージを受け取りました。ですから、表面上のデザインだけではなくて、アートディレクションにおける態度、それを真似したいと思っていました。

中島英樹：ぼくは祥文さんの使う書体を“摸写”していた時期があるんです。

葛西薫：こんなことを言うと、申し訳ないんですが、最初は祥文さんと中島英樹さんが、なぜ結び付くのか、よくわからなかった（笑）。だから、今の摸写していたという話は、ちょっと驚きました。
中島英樹：ぼくにとって、祥文さんのイメージは、まずモリサワの「A1」という書体です。
葛西薫：ああ、なるほど。
中島英樹：葛西さんもけっこう使ってましたよね。
葛西薫：それはやはり祥文さんの影響を受けているから（笑）。
中島英樹：ぼくの場合、葛西さんのように、アートディレクションの姿勢を学ぼうという以前の問題として、祥文さんが展開していたデザイン上のスキルを身に付けたいと思ったんです。たぶん、これを摸写すれば、かろうじて、表現上のテクニックみたいなものはなぞることができるんじゃないか。若い頃、そんなことを考えていて。
葛西薫：具体的には、どういうふうに摸写していたんですか？
中島英樹：当時、A1を写植で打ってもらうと、ものすごく高かったんです。お金もなかったから、24級くらいの小さなサイズでベタ打ちしてもらった。それをトレスコ（トレーススコープ）で拡大したりして、祥文さんの広告に重ね合わせていました。そうすると、文字と文字の間をどう空けているかとか、行間はどうしているのかとか……、つまり、スペーシングのテクニックを含め、タイポグラフィの構造が、おぼろげに見えてくる。
葛西薫：そんなことしてたんだ。すごいね（笑）。
中島英樹：ほとんどフェティシズム。逆に言うと、そんなふうにフェティッシュな欲望を喚起するだけの官能性が、祥文さんのタイポグラフィには潜んでいたという気がするんですよ。ただ単に、目で見て、わかったような気になるんじゃなくて、トレスコの中で、自分の手を動かすことによって、タイポグラフィの秘密に触れることができた。
葛西薫：ああ、その感覚はよくわかる。書体の特徴や、タイポグラフィの基本を学ぼうとする時、摸写するのは、けっこう重要なプロセスかもしれない。今は、すでにMacの中にフォントが揃っているけれど……。
中島英樹：たとえば、活字と写植でも、大きな差があるわけですよね。活字は文字と文字の間を詰めることはできないけれど、写植だとかなりぎりぎりまで詰めることができるとか。そういうふうに徹底的に文字を操作することによって、祥文さんは広告全体のトーンをコントロールしていたんだと思います。もちろん、当時は、文字を摸写するだけで、精一杯でしたけど。ただ、改めてふり返ると、若い頃の自分は、こういう作業がとても大切であると感じていたんだと思います。
葛西薫：同感です。
中島英樹：いわば写経ですよね。写経というのは、ただ写せばいいわけじゃない。ただひたすら写しながら、同時に精神を学び取るってことじゃないですか。機械的にスキャニングしているわけではないと思うんです。
葛西薫：ぼくも英樹さんも、祥文さんの仕事に、直接的・間接的に影響を受けているわけだけれども、祥文さん自身はどうだったんでしょうね。つまり、ぼくらの目には、すでに“完成されたもの”として映っていたわけでしょう？ でも、若い頃、祥文さんが、広告制作という仕事を選んだ時、どういうものを目指していたんでしょう。
中島英樹：それは気になりますね。

DDBと、日本の広告の旗手たち

中島祥文：さっきから、お二人の話を、面映ゆい気持ちで聞いていたんですが……（笑）。ぼく自身のことを話しますと、学生の頃、最も注目していたのが、DDB（アメリカの広告代理店、当時フォルクスワーゲンなどの広告で世界的に評価されていた）の仕事です。卒業後、スタンダード通信社に入社しました。ここでは日産自動車の海外向け広告を担当していたのですが、その時、DDBのADジョージ・ロイスがよく使っていたFranklin Gothicという書体をキャッチフレーズに使ったりして、それだけでもうDDB調だ、なんて気分になっていました。その次に、デザインオフィス ナークで広告制作に従事することになるのですが、これは資生堂宣伝部で活躍し、頭角を顕していた村瀬秀明さんが、独立後に設立された事務所。ぼくは、2年半、村瀬さんの事務所に籍を置いていたわけですが、村瀬さんからは、有形無形、いろいろなことを教わりました。
葛西薫：DDBの影響といえば、細谷巖さんも有名ですね。
中島祥文：そうなんです。細谷さんや先ほどの村瀬さん、コピーライターでは秋山晶さんや赤井恒和さんという人たちが、広告のニューウェーブにチャレンジしていました。まさに若き広告の旗手たちという感じで、ぼくにとっては憧れでしたね。細谷さんたちはプロフェッショナルとしてDDBの仕事に接していたと思います。ですから、DDBを見事に独自のスタイルに昇華して、仕事をされていました。ぼくの場合は、初めて接したのが学生の時でしたから、そのあたりの見極めは、まだできていない。実際、今ふり返ると、ウールマーク（カーペット編）の仕事は、まだまだ翻訳調っぽさが残っているような気がしますね。
葛西薫：ご自分への判断が厳しいですね（笑）。じゃあ、祥文さん自身が翻訳調を脱したと感じたのは、どのあたりからですか？
中島祥文：そうですね……、カーペットの次のウールマーク（企業編）あたりは、やや自分なりの仕事になってきているんじゃないかと思っています。
葛西薫：なるほど。こういうお話を聞くと、デザインの遺伝子みたいなものが、バトンリレーのように受け渡されているんだなと思います。

フィクションとドキュメンタリー

中島英樹：祥文さんの広告で、もうひとつ重要な要素があります。写真や映像の力です。

葛西薫：ぼくがいいなと思ったのは〈マキシム〉の広告。ヨーロッパで暮らす学者や建築家、アーティストを起用したCMですね。あそこに登場する人々は、ある領域では有名なのかもしれないけれど、お茶の間レベルでは、ほぼ無名に等しい。でも、彼らが画面に登場すると、「この人の顔は、何か違うぞ」ということが、すぐにわかる。いわゆるタレントとは、まるで違うたたずまいを感じさせるわけです。つまり、その人が持っている空気感に惹かれるような構造になっているんですね。

中島英樹：デザイン業界に入ったばかりの頃、「ADの"A"は、アートディレクターの"A"じゃなくて、アドバタイジングの"A"だ」なんてことが言われていたんです。ぼくはそういう物言いに、ものすごく反発していた時期があった。「いや、それはアートの"A"だろう」と思っていましたから。もちろん、これはアートが上で、アドバタイジングが下だとか、そういうことじゃない。アートだろうが、広告だろうが、そこにあるのは、他者とのコミュニケーションの問題であって、それが社会的な文脈の中で、どう機能しているかだけの違いでしかない。つまり、広告だって、アートと同じくらいの力を持ち得るんだということを言いたいわけです。

葛西薫：仮に広告が、人々に影響を与えることができるとしたら、ひとつは"遠く"へ連れていってくれることじゃないかと思っているんです。それはとてもロマンティックだし、贅沢なことですね。その企業なり、商品なりの広告を通して、理想を描くことだってできる。〈マキシム〉の広告には、そういうものを感じました。

中島英樹：もちろん、広告である以上、一から十まで、論理的に計算された上で、つくられている。でも、だからといって、それが"嘘"というわけではない。というか、徹頭徹尾、つくり上げられている世界だからこそ、そこに"リアル"の可能性が開けてくる。祥文さんの場合、写真であれ、映像であれ、常にそんなところがありますよね。それが"ドキュメンタリー性"を感じさせるのかもしれない。

葛西薫：実は演出した方が、リアルな場合が多い。現実をそのまま切り取っても、締まりのないものになってしまいますから。ぼく自身、そのあたりの匙加減は、いまだにわからないところがあるんですけれど、そこにある写真や映像だけじゃなくて、その"向こう側"にあるものを、どう想像させるかということも、大切なんじゃないか。写真や映像は、そのためのきっかけに過ぎないというか……。

中島英樹：マグナムの写真家で、ジョセフ・クーデルカという人がいますよね。彼は一般的には"ドキュメンタリー写真"を撮っていると思われているし、まあ、実際、そうなんですけれど、ただし、現実そのものを、そのまま切り取っているわけではない。場合によっては、きちんとセットアップした上で、撮影することもあるらしい。極端な話、広告の方法論といっしょだと思うんです。

葛西薫：逆にね、広告写真って何だろうと思った時があって。写真って、一瞬の映像を切り取ったものなんだけれども、どうやらぼくは、写真そのものを見せたいわけじゃないんです。そこに映っているものを通して、そこに無いものを感じさせたいという気持ちの方が強い。一枚の写真が、記憶や感情を呼び覚ましてくれるような、そういうコミュニケーションの回路をつくりたいんです。

中島英樹：見る人の数だけ、それぞれ“答え”が違っていた方が豊かですよね。やっぱり広告って、どうしても誘導型になってしまうじゃないですか。マーケティングに則って、あらかじめゴールを設定するやり方が圧倒的に多い。でも、そういう写真や映像を見せられても、ぼくは困ってしまう。「だから何なの？」って感じで。

葛西薫：その点、祥文さんの広告は、いつもぼくらをどこか遠くへ連れていってくれる。この奥行きの深さに、学ぶところが多いと思いますね。

□個から出発し、普遍へ到達する

中島英樹：祥文さんの広告に潜んでいる“リアル”な感覚。これは、ぼくの勝手な解釈ですが、たぶん祥文さんは“不特定多数”というものを信じていないんだと思う。実際、“不特定多数”なんてものは実在しない。あくまでも、便宜上、そういうふうに仮定したものでしかないわけで。結局、突き詰めて考えると、存在しているのは“個人”なんです。祥文さんは、ご自分の個人的な感覚から出発して、社会の中に無数に存在する個人に向けて、広告を発信している。そんな印象を持っています。

葛西薫：ああ、それは感じますね。ぼく自身のことで言うと、ある時期から「サン・アドとしてはこう思う」ではなく、「ぼく個人としてはこう思う」というやり方に切り替えたんです。そうすると、クライアントに対しても、消費者に対しても、正直になれる。その分、自分自身、楽になったし、逆に広告が“伝わる”ようになったんです。

中島英樹：やっぱり“個”の力が、一番強いんですね。

葛西薫：ぼくね、一時期、迷路に入っちゃったことがあるんです。というのは、いわゆる“個性的”なアートディレクターやグラフィックデザイナーって、大勢いますよね。そういう方々の仕事を見ていると、「自分はなんて個性がないんだろう」と思っちゃう。今、英樹さんの話を聞いて思ったのは、たぶんそれはぼくが“不特定多数”を想定して、仕事を進めていたからなんですよ。

中島英樹：ぼくが言うのも変ですが、ぼく自身“半径3メートル以内”が、一番リアリティを感じる。たとえばエコロジーでも、遠い国で起きている出来事には、正直、あまりピンとこない。けれども、自分の家の井戸が有害物質で汚染されていたとしたら、リアルに「勘弁してくれよ」と思うわけです。逆に言うと、そういう“半径3メートル以内”から発信されたエコロジーというものには、共感できるんじゃないかとも思っていて。祥文さんの広告も、それと同じで、一見すると、そう見えないかもしれないけれど、根底には個人的な情動が隠されている。

葛西薫：祥文さん自身は、決してそういうことを言わないけれど、今の指摘は的確だと思う。

中島英樹：ぼくは音楽が好きなんですけれど、どうでもいいような絵空ごとを歌われると、全然、胸に響かない。白々しくなっちゃう。自分のことに置き換えられるようなリアリティから生まれたものじゃないとダメなんです。もしかすると、それは個人的で小さい世界なのかもしれない。けれども、そのメッセージに少なからず共振するリスナーがいるということは、徹底的に“個”を突き詰めた結果、それが普遍性に結び付いたということだと思うんです。

葛西薫：なるほど。

中島英樹：これは勝手な憶測なんですけれど、祥文さんの場合、外資系の広告代理店（JWT）にいらしたことが大きかったんじゃないでしょうか。つまり、良くも悪しくも日本的な“あいまいさ”を許さない環境で、デザインを考えてきたんじゃないか。クライアントであれ、社内のスタッフであれ、論理的に説得しなきゃいけなかったから……。

葛西薫：ただし、その手続きを広告に落とし込む時は、“論理”だけだと伝わらないですよね。

中島英樹：そうですね。そこが祥文さんの凄みだと思います。徹底的に論理的に考えているんだけれども、さらにそこに“個人”の領域を導き入れる——そういう作業を、自分自身に課していたんじゃないかと思うんです。それは、葛西さんがおっしゃったように、論理だけでは広告として機能しないということを意識なさっていたからじゃないでしょうか。

葛西薫：一見すると、祥文さんの広告は、とても冷静です。

中島英樹：でも、そこに私的な側面がまぎれ込んでいる。それは意識してやってらっしゃるのか、それとも無意識のうちに滲み出てくるものなのか、判断はできませんが、とにかく、その“個人”の部分が、ほのかな野性味につながっているんだと思います。この本のタイトルは『考えるデザイン』というシンプルなものですが、それは一見、方法論や結果論のようにも見えます。しかし、祥文さんはこれらのプロセスに関心を持ったと思います。結果、このような広告群が生まれたという以上に、様々な条件から導き出された“必然”として、ここで紹介されている最適解に到達した……そんな印象を受けるんです。

葛西薫：逆説的なんですよね。個を突き詰めれば突き詰めるほど、普遍性につながるし、論理を突き詰めれば突き詰めるほど、いやおうなく“私性”というものが滲み出る。そこが見る者の共感を誘う。祥文さんの広告って、緊張感はあるんだけれど、威圧的ではないでしょう。“漂う空気”とでもいうのかな、それがとても心地よい。

中島英樹：論理的な骨格が明確だからこそ、個人的な情動がしっかり浮かび上がってくるんでしょうね。論理と情動、両者が緊張感を保ったまま、拮抗しているからこそ、そこに野性味や官能性が生まれてくる。

葛西薫：非常に理知的な構成で、全体としてはクールな表情を見せてはいるんだけれど、でも、“細部”が静かに語りかけてくる。細部というのは、タイポグラフィだったり、写真だったりするんだけれど。ただ、ぼくも英樹さんも、デザインに関心があるから、祥文さんのタイポグラフィに感心したりするわけだけれども、あくまでもそれは専門家としての視線でしょう？ 無心に眺めると、タイポグラフィそのものが目に飛び込んでくるというわけではない。まずは、コピーの内容というか、“言葉”がすうっと入ってくる。そういう透明なデザインになっていますよね。

中島英樹：かつて、梶祐輔さんが、祥文さんについて、こういうことを書いてらっしゃる。「常識というものは、日本だとおとなしいという意味合いになってしまうが、イギリスだと、抵抗や破壊すら含みもつ概念である※」と。祥文さんの透明なデザインには、野獣のような荒々しさが潜んでいるんですよ。

葛西薫：祥文さんは、いわゆるクリエイティブディレクターという立場でも仕事をしたりもしているでしょう？ 他のアートディレクターやデザイナーと組んでいる仕事もありますね。

中島英樹：たとえば、サイトウマコトさんを起用して、仏壇メーカーであるはせがわの広告（〈クラインの骨〉、1985年、本書302, 303ページ）を制作していますが、それって、言ってみれば、“猛獣使い”ですよ。それは祥文さん自身の中に、野獣が潜んでいるからこそ、なしえた仕事。自分がそうだから、他者の内部にある野獣を、上手にコントロールすることができる。それこそ東京ADCだって野獣の集まりでしょう?

葛西薫：（笑）

中島英樹：だから、この本を読むと、祥文さんの中にある“野性”が伝わってくる。祥文さんが、時々、我慢できなくなって“爆発”している。それを見逃しちゃいけない。

葛西薫：それは卓見だね。いや、さっきも言ったけれど、最初は祥文さんと英樹さんのつながりが、いまひとつわからなかった。たぶん、ぼくだけじゃなくて、一般的にもそうだと思う（笑）。だから、英樹さんが語る祥文さんのイメージは、とても面白いし、新鮮です。

中島英樹：正直なところ、ぼくが祥文さんの本に登場して、葛西さんと対談するというのは、おこがましい話だと思ってます。そもそもの出会いは、ぼくがまだデザインを始めたばかりの頃。20年ほど前、祥文さんのお世話になったことがあるんです。今ふり返ると、デザインに対する姿勢みたいなものを見続けてくれたのかな、という気がします。さっきの話じゃないけれど、祥文さんという後ろ盾があるからこそ、ぼくは野獣でいられる、というようなこともあったかもしれません（笑）。

□知性と野性の中間領域

葛西薫：祥文さんの理知的な面は、文字組に強く現れていると思う。

中島英樹：実は、今日、かつて祥文さんが組んでいたコピーのパターンと、それをMac上でシミュレーションしたパターンを持ってきたんです。

葛西薫：A1を使って、同じように組んでみたんですね。でも、やっぱり写植とフォントじゃ違う。“同じ”にはならない。

中島英樹：そう。だから、若い人には、こういうものを見せてあげたい。如実に「中島祥文、すごいだろ!」ってことがわかるから。誰がどう見たって、祥文さんのタイポグラフィの方がきれいなんです。

葛西薫：美しいですね。徹底的に文字をコントロールしている。

中島英樹：でも、そのコントロールは、“野蛮”でもあると思う。だって、文字間や行間を調整するために、大胆に文字を扱っているから。見た目にきれいなものをつくるために、その裏側ではずいぶんと乱暴なことをしている。

葛西薫：乱暴というか、綿密というか。

中島英樹：はい。だから、ぼくは、最初、「中島祥文のデザイン」ということで惹かれたわけじゃないんですよ。ただ単に「きれいな広告だな」と思った。

葛西薫：繰り返しになるけれど、祥文さんの広告は、目に心地よいってことだよね。

中島英樹：文字間、行間をコントロールしたり、あるいは書体を太らせたりして、表情を付け加えたり……。そういう操作を施すことで、デザイナーの作家性が前面に出てくるケースは多いと思うんです。でも、祥文さんは、そうではない。誤解を恐れずに言うと、むしろ、作家性みたいなものを消す方向に進んでいる。だから、祥文さんの広告を見ると、「中島祥文」という固有名じゃなくて、その広告が伝えようとしているメッセージが、ごく自然に入ってくる。

葛西薫：そこが理知的な印象を与える。

中島英樹：コミュニケーションとして無駄がないんです。高性能のスポーツカーのような感じですね。ある意味、技術の結晶。物事が、ストレスなく、スムースに運ぶ。やっぱり、卓越した技術って、そういうものだと思うんです。だから、今、『考えるデザイン』という本が出版されるのは、必然的なことですね。90年代以降、コンピュータが登場してきたことによって、デザインの力が去勢されてしまったという側面は、確実にあると思います。この本は、それに対するリアクションではないのかという気がします。

葛西薫：いわば、教科書ですからね。実はぼくも、サン・アドに入社してまもない頃、祥文さんにデザインを見ていただいたことがあるんです。おまけに、昼ご飯をご馳走してくれたんですよね(笑)。その時、ぼくがつくった新聞広告をご覧になって、祥文さんはこんなことをおっしゃった。「文字を組む時、文章のどこで区切るかを意識していますか?」って。

中島英樹：それ、ちょっと恐いですね。だって、「ぼくはそういうところを見ています」ってことじゃないですか(笑)。

葛西薫：そう。第一声がそれだったから、強く印象に残っているんです。もちろん、当時、ぼくなりに文字組のことは意識していましたから、「あっ、やっぱりそうなんだ」と思った。タイポグラフィの秘密を教えてもらったような気がして、嬉しくなりました。「自分が模索していることは、間違いじゃないんだな」と勇気づけられました。

中島英樹：〈ウールマーク〉の広告で言うと、右下に角丸で囲ったメッセージが入っているんですけれど。

葛西薫：「ウールは、愛着にこたえてくれます。」ですね。

中島英樹：“神は細部に宿る”じゃないけれど、祥文さんは、こういう小さなところを、決しておろそかにしない。むしろ、重要なんだと思って、デザインしているはずです。

葛西薫：うん、これは、ものすごく重要なポイントです。横組みの広告の場合、たいてい、デザイナーは、左上のヘッドラインから、右下のロゴタイプに向かって、視線の流れにそってデザインしていくと思うんです。でも、ある時、気がついたんだけれども、実は、右下からスタートして、広告を見てもらうきっかけとなる部分、つまりヘッドライン側へと“逆走”させるようなつくりの方が、しっかりした広告になる。これは自分にとって、大きな発見でしたね。これも祥文さんの広告から盗ませてもらったわけだけれども（笑）。

中島英樹：ぼくも、盗ませていただきます。

葛西薫：良くも悪くも、広告制作って、表層的な部分というか、“面白がる”ところからスタートしがちなんです。もちろん、それを受け止める側は、そこに目が向いてもかまわない。けれども、つくり手であるぼくらは、まず最初に、ロゴタイプ周辺を、きちんと“整理”することが大事。その作業が「この広告で伝えるべきメッセージは、何なんだろう」と考えるきっかけにもなるし。祥文さんの広告を見て、最後に着地する部分を見ることが、一番勉強になると思ったし、実際、すごく役に立ちました。

中島英樹：時代が変わっても、そのあたりのセオリーは変わらない。祥文さんの普遍性って、そういうことだと思う。バランス感覚というか、大人の見識というか。

葛西薫：60年代かな、サン・アドの大先輩である西村佳也さんと小島勝平さんが、〈サントリーホワイト〉の広告をつくっていた。たとえば、ウイスキーのボトルの脇に、ストレートとオン・ザ・ロックと水割りが並んでいて、「ミニ・ミディ・マキシ」とコピーが置かれている。それを見て、気分が高揚したことを覚えています。「大人になると、こんな世界が開けるのかなあ」なんてことを夢想して……。ただ、現在の我が身をふり返ると、残念ながら、いまだ子供（笑）。次の世代への責任という意味でも、今、自分たちの作っている広告は「これでいいのかな？」と思うことがある。今回、祥文さんの『考えるデザイン』という本を拝見して、広告やデザインに携わる人間は、そういう大きなところまで意識しなきゃダメなんだよなということを痛感しましたね。

中島英樹：手垢にまみれた言い方ですが、祥文さんってヒューマニストだと思う。表面上の華やかさや端正さだけじゃなくて、疑いつつも、その裏側に人間讃歌が込められている。こんなこと言うのは、自分の柄じゃないし、ストレートすぎて、かなり恥ずかしいけれど、そうとしか言いようのない何かを感じます。

葛西薫：うん、そういう言葉に表せないあれやこれやが総合されている。そこにぼくらはグッとくるんじゃないかな。

中島英樹：祥文さんの広告には、人間が本来持っている何かが感じられる。それは"肌触り"や"気分"のようなもの。いわば動物的な感覚です。だから、繰り返しになるけれども、祥文さんのデザインには、知性と野性が共存している。そのふたつの間のちょうどいいポジションに、祥文さんが立っている。そんなイメージなんですよね。

葛西薫：今、英樹さんの話を聞いていて思ったんだけれど、英樹さんのデザインは、一見すると、ものすごく野性的でしょう？ でも、その裏側には、独自の論理性が感じられる。ちょうど祥文さんとは表裏が逆というか。でも、知性と野性の共存という意味では、共通している。

中島英樹：いやいやいや（笑）。それで言うと、ぼくは以前、葛西さんに対して、失礼なことを言ったんですよね。「葛西さんはエロスってものをどう思ってるんですか！」って。

葛西薫：ああ、そうだっけ。要するに、ぼくのデザインにはエロスが欠けているってことでしょ（笑）。

中島英樹：それは、若気のいたりで、ある種の挑発でもあったんですけれど。その後、〈サントリーウーロン茶〉の広告を拝見したら、「あれ？ かなりエロエロじゃん！」と思い直して。

葛西薫：ああ、言っていましたね。少年が跳び込みの競技で、台の上で順番を待っているやつね。

中島英樹：エロチシズムが全面に出ると、むしろうっとおしいというか、人は拒絶しちゃうと思うんです。葛西さんのデザインは、そうではない。ふとしたはずみで、それが見え隠れするようなかたちだった。逆に「ああ、この人、一番危険かも」と思って（笑）。それってかなり高級なテクニックですからね。祥文さんのデザインとは違うベクトルかもしれないけれど、葛西さんの中にも知性と野性が共存しているんですよ。

葛西薫：そうですかあ（笑）。知性と野性を客観と主観と言い換えると、祥文さんは他の人々とのコラボレーションにおいても、その両面が発揮されていると思う。自分が生徒だとすると、教師が自分を見てくれていると思ったら、とても居心地がいいし、自然と伸びていくと思うんです。それといっしょで、祥文さんはその人が活きる枠組みを、きちんと形づくってくれる。それはスタッフの組み合わせかもしれないし、声のかけ方かもしれない。いろんな局面で、コントロールする力がずば抜けている。

中島英樹：しかも、それをあたりまえのようにやっているところが凄い。

葛西薫：この本にブランディングやCI計画の事例が収められていますが、そこには必ず「自分がそれを使う立場だったら」という視点がある。ある種の当事者感覚というか、他者に対する想像力が感じられるんです。それがデザインのクオリティに結び付いているんだと思います。

※ 出典　1976年 ブレーン誌　梶祐輔
「続・アートディレクター論・中島祥文の広告アプローチ」

Credit

1.
Woolmark（カーペット）

CD/AD	中島祥文	Shobun Nakashima
CD/C	中塚大輔	Daisuke Nakatsuka
D	森田純一朗	Junichiro Morita
AG	J.W.トンプソン	JWT
ADV	国際羊毛事務局	International Wool Secretariat

2. 5. 6.
Woolmark（カーペット）

CD/AD	中島祥文	Shobun Nakashima
CD/C	中塚大輔	Daisuke Nakatsuka
D	森田純一朗	Junichiro Morita
P	横井滋治（2, 6）	Shigeharu Yokoi
P	八十島建夫（5）	Takeo Yasozima
AG	J.W.トンプソン	JWT
ADV	国際羊毛事務局	International Wool Secretariat

3. 4.
Woolmark（カーペット）

CD/AD/D	中島祥文	Shobun Nakashima
CD/C	中塚大輔	Daisuke Nakatsuka
P	石川賢治	Kenzi Ishikawa
AG	J.W.トンプソン	JWT
ADV	国際羊毛事務局	International Wool Secretariat

7.〜13.
Woolmark（企業）

CD/AD	中島祥文	Shobun Nakashima
CD/C	西村佳也	Yoshinari Nishimura
D	森田純一朗	Junichiro Morita
P	下山龍三（8）	Ryuzo Shimoyama
P	鳥居正夫（7, 12, 13）	Masao Torii
P	坂田栄一郎（11）	Eiichiro Sakata
I	角井功（9）	Isao Kadoi
AG	J.W.トンプソン	JWT
ADV	国際羊毛事務局	International Wool Secretariat

14.〜16.
Woolmark（カーペット）

CD/AD	中島祥文	Shobun Nakashima
CD/C	西村佳也	Yoshinari Nishimura
D	森田純一朗	Junichiro Morita
P	鳥居正夫（14, 15）	Masao Torii
I	湯村輝彦（16）	Teruhiko Yumura
AG	J.W.トンプソン	JWT
ADV	国際羊毛事務局	International Wool Secretariat

17.〜24.
硝子繊維協会

CD/AD	中島祥文	Shobun Nakashima
CD/C	西村佳也	Yoshinari Nishimura
D	瀬口誠一	Seiichi Seguchi
D	森田純一朗	Junichiro Morita
P	宍戸眞一郎	Shinichiro Shishido
AG	J.W.トンプソン	JWT
ADV	硝子繊維協会	Glass Fiber Association

25. 28.
Woolmark（企業・ファッション）

CD/AD	中島祥文	Shobun Nakashima
CD/C	西村佳也	Yoshinari Nishimura
FD/PL	高杉治朗	Jiro Takasugi
P/CA	菅昌也	Masaya Suga
PR	石井道貫	Dokan Ishii
PR	飯尾実	Minoru Iio
PRD	CMランド	CM Land Inc.
AG	J.W.トンプソン	JWT
ADV	国際羊毛事務局	International Wool Secretariat

26. 27. 29. 30.
Woolmark（企業・ファッション）

CD/AD	中島祥文	Shobun Nakashima
CD/C	西村佳也	Yoshinari Nishimura
D	宮本光明	Mitsuaki Miyamoto
P	菅昌也	Masaya Suga
AG	J.W.トンプソン	JWT
ADV	国際羊毛事務局	International Wool Secretariat

31. 32.
Woolmark（企業・ファッション）

CD/AD	中島祥文	Shobun Nakashima
CD/C	西村佳也	Yoshinari Nishimura
D	宮本光明	Mitsuaki Miyamoto
P	坂田栄一郎	Eiichiro Sakata
AG	J.W.トンプソン	JWT
ADV	国際羊毛事務局	International Wool Secretariat

33.
Woolmark（企業・ファッション）

CD/AD	中島祥文	Shobun Nakashima
CD/C	西村佳也	Yoshinari Nishimura
FD/PL	高杉治朗	Jiro Takasugi
CA	菅昌也	Masaya Suga
PR	飯尾実	Minoru Iio
PR	山浦國雄	Kunio Yamaura
PRD	CMランド	CM Land Inc.
AG	J.W.トンプソン	JWT
ADV	国際羊毛事務局	International Wool Secretariat

34. 35.
Woolmark（企業・ファッション）

CD/AD	中島祥文	Shobun Nakashima
CD/C	西村佳也	Yoshinari Nishimura
D	宮本光明	Mitsuaki Miyamoto
P	菅昌也	Masaya Suga
AG	J.W.トンプソン	JWT
ADV	国際羊毛事務局	International Wool Secretariat

36. 37.
Woolmark（ヤングブランド）

CD/AD	中島祥文	Shobun Nakashima
CD/C	岡部正泰	Masayasu Okabe
FD/PL	李泰栄	Tae-young Lee
FD	森雅章	Masaaki Mori
CA	真下伸友	Nobutomo Mashimo
PR	山浦國雄	Kunio Yamaura
PR	大山光二郎	Kojiro Oyama
PRD	CMランド	CM Land Inc.
AG	J.W.トンプソン	JWT
ADV	国際羊毛事務局	International Wool Secretariat

38.〜45.
Woolmark（ヤングブランド）

CD/AD	中島祥文	Shobun Nakashima
CD/C	岡部正泰	Masayasu Okabe
D	平田好美	Yoshimi Hirata

P	富永民生	Minsei Tominaga
AG	J.W.トンプソン	JWT
ADV	国際羊毛事務局	International Wool Secretariat

46. 47. 51.～54.
Jean Paul GAULTIER

CD/AD	中島祥文	Shobun Nakashima
CD/C	田村義信	Yoshinobu Tamura
CPR	片山弘毅	Hiroki Katayama
D	鈴木光太郎	Kotaro Suzuki
P	大西公平	Kohei Onishi
ADV	オンワード樫山	ONWARD KASHIYAMA Co., Ltd.

48.～50.
Jean Paul GAULTIER

CD/AD	中島祥文	Shobun Nakashima
CD/C	田村義信	Yoshinobu Tamura
FD/PL	吉田博昭	Hiroaki Yoshida
CA	大西公平	Kohei Onishi
CPR	片山弘毅	Hiroki Katayama
PR	渡辺辰己	Tatsumi Watanabe
PRD	TYO	TYO Productions Inc.
ADV	オンワード樫山	ONWARD KASHIYAMA Co., Ltd.

55.
SUNTORY Whisky ELK

AD/D	中島祥文	Shobun Nakashima
CD/C	長沢岳夫	Takeo Nagasawa
D	川津茂	Shigeru Kawatsu
AG	電通	DENTSU INC.
ADV	サントリー	SUNTORY LTD.

56.
SUNTORY Whisky ELK

AD/D	中島祥文	Shobun Nakashima
AD	大門敏彦	Toshihiko Daimon
CD/C	長沢岳夫	Takeo Nagasawa
D	川津茂	Shigeru Kawatsu
I	木村しゅうじ	Shuji Kimura
AG	電通	DENTSU INC.
ADV	サントリー	SUNTORY LTD.

57.
SUNTORY Whisky ELK

AD/D	中島祥文	Shobun Nakashima
CD/C	長沢岳夫	Takeo Nagasawa
D	川口いつ子	Itsuko Kawaguchi
P	大西公平	Kohei Onishi
AG	電通	DENTSU INC.
ADV	サントリー	SUNTORY LTD.

58.
SUNTORY Whisky ELK

PL/AD	中島祥文	Shobun Nakashima
CD/PL/C	長沢岳夫	Takeo Nagasawa
FD/PL	関谷宗介	Sousuke Sekiya
CA	大西公平	Kohei Onishi
PR	大倉真一朗	Shinichiro Okura
PR	郡家淳	Atsushi Gunge
PRD	マザース	Mothers
AG	電通	DENTSU INC.
ADV	サントリー	SUNTORY LTD.

59.～68.
COMME ÇA DU MODE

CD/AD/D	中島祥文	Shobun Nakashima
CD/C	西村佳也	Yoshinari Nishimura
P	操上和美	Kazumi Kurigami
AG	博報堂	HAKUHODO Incorporated
ADV	ファイブフォックス	Five Foxes Co., Ltd.

69.～75.
ISETAN

AD/D	中島祥文	Shobun Nakashima
CD/C	土屋耕一	Koichi Tsuchiya
D	日隈和久(69,70)	Kazuhisa Higuma
D	川口いつ子(69,70)	Itsuko Kawaguchi
P	富永民生(69)	Minsei Tominaga
P	八十島建夫(70)	Takeo Yasozima
P	上田義彦(71)	Yoshihiko Ueda
P	宍戸眞一郎(75)	Shinichiro Shishido
I	湯村輝彦(72,74)	Teruhiko Yumura
I	スージー甘金(73)	Amagane Suzy
ADV	伊勢丹	Isetan Co., Ltd.

76.～79.
TOYOTA Windom

AD	中島祥文	Shobun Nakashima
CD/C	岩崎俊	Syunichi Iwasaki
FD/PL	原賢司	Kenzi Hara
CA	清家正信	Masanobu Seike
CPR	渡邊謙治	Kenzi Watanabe
CPR	片岡祐次	Yuzi Kataoka
PR	渡辺辰己	Tatsumi Watanabe
PRO	TYO	TYO Productions Inc.
AG	博報堂	HAKUHODO Incorporated
ADV	トヨタ自動車	Toyota Motor Corp.

80.
JR東日本ビューカード

CD/AD	中島祥文	Shobun Nakashima
D	松田秀克	Hidekatsu Matsuda
D	佐藤一郎	Ichiro Sato
D	川津茂	Shigeru Kawatsu
D	新開宏明	Hiroaki Shinkai
D	高根等	Hitoshi Takane
AG	JR東日本企画	East Japan Marketing & Communications, Inc.
ADV	JR東日本	East Japan Railway Co.

81. 82.
JR東日本ビューカード

CD/AD	中島祥文	Shobun Nakashima
CD/C	西村佳也	Yoshinari Nishimura
D	佐藤一郎	Ichiro Sato
PR	濱野邦彦	Kunihiko Hamano
PR	松川春水	Harumi Matsukawa
P	羽金和恭	Kazuyasu Hagane
AG	JR東日本企画	East Japan Marketing & Communications, Inc.
ADV	JR東日本	East Japan Railway Co.

83.
JR東日本ビューカード

CD/AD	中島祥文	Shobun Nakashima
CD/C	西村佳也	Yoshinari Nishimura
FD/PL	中島信也	Shinya Nakajima
CA	半田也寸志	Yasushi Handa
PR	濱野邦彦	Kunihiko Hamano

PR	松川春水	Harumi Matsukawa
PRD	東北新社	TOHOKUSHINSHA FILM CORP.
AG	JR東日本企画	East Japan Marketing & Communications, Inc.
ADV	JR東日本	East Japan Railway Co.

84. ～ 86.
JR東日本ビューカード

CD/AD	中島祥文	Shobun Nakashima
CD/C	西村佳也	Yoshinari Nishimura
CD	福井寛	Hiroshi Fukui
PL	山名典子	Noriko Yamana
PL	久谷浩憲	Hironori Kutani
D	佐藤一郎	Ichiro Sato
AG	JR東日本企画	East Japan Marketing & Communications, Inc.
ADV	JR東日本	East Japan Railway Co.

87.
HITACHI A&V

AD	中島祥文	Shobun Nakashima
CD/C	岡部正泰	Masayasu Okabe
CD	多田亮三	Ryozo Tada
D	田中英生	Hideo Tanaka
A	武田育雄	Ikuo Takeda
P	ユージン・オマー・ゴールドベック	Eugene. O. Goldbeck
C	堀真一	Shinichi Hori
AG	博報堂	HAKUHODO Incorporated
ADV	日立家電販売	Hitachi Sales Corp.

88.～90.
AGF MAXIM

PL/AD	中島祥文	Shobun Nakashima
CD/PL/C	西村佳也	Yoshinari Nishimura
CD	杉山恒太郎	Koutaro Sugiyama
FD/PL	関谷宗介	Sousuke Sekiya
CA	大西公平	Kohei Onishi
PR	蓮見徳郎	Tokuro Hasumi
PR	郡家淳	Atsushi Gunge
PRD	マザース	Mothers Inc.
AG	電通	DENTSU INC.
ADV	味の素ゼネラルフーヅ	AJINOMOTO GENERAL FOODS, INC.

91. 92.
AGF MAXIM

PL/AD	中島祥文	Shobun Nakashima
CD/PL/C	西村佳也	Yoshinari Nishimura
CD	杉山恒太郎	Koutaro Sugiyama
FD/PL	関谷宗介	Muneyuki Sekiya
CA	富永民生	Minsei Tominaga
PR	郡家淳	Atsushi Gunge
PRD	マザース	Mothers Inc.
AG	電通	DENTSU INC.
ADV	味の素ゼネラルフーヅ	AJINOMOTO GENERAL FOODS, INC.

93.～98.
ブレーン

AD/D	中島祥文	Shobun Nakashima
D	鈴木光太郎	Kotaro Suzuki
ADV	誠文堂新光社	Seibundo Shinkosha Publishing Co., Ltd.

99.
JAGDAアニュアル

AD/D	中島祥文	Shobun Nakashima
D	佐藤一郎	Ichiro Sato
ADV	日本グラフィックデザイナー協会	Japan Graphic Designers Association Inc.

100.～103.
新王子製紙

PL	青葉益輝	Masuteru Aoba
AD/D	中島祥文	Shobun Nakashima
ADV	新王子製紙	New Ojipaper Co., Ltd.

104. 105.
日経広告手帖

AD/D	中島祥文	Shobun Nakashima
ADV	日本経済新聞社	Nikkei Inc.

106.
東日本鉄道文化財団

AD/D	中島祥文	Shobun Nakashima
D	高根等	Hitoshi Takane
ADV	東日本鉄道文化財団	East Japan Railway Culture Foundation

107.
AIR DO

AD/D	中島祥文	Shobun Nakashima
D	川津茂	Shigeru Kawatsu
D	漆畑寿康	Hisayasu Urushibata
AG	電通北海道	DENTSU HOKKAIDO INC.
ADV	北海道国際航空	Hokkaido International Airlines Co., Ltd.

108.
AIR DO

AD/D	中島祥文	Shobun Nakashima
D	小笠原潤	Jun Ogasawara
AG	電通北海道	DENTSU HOKKAIDO INC.
ADV	北海道国際航空	Hokkaido International Airlines Co., Ltd.

109. 110.
AIR DO

CD/AD	中島祥文	Shobun Nakashima
CD/C	佐々木宏	Hiroshi Sasaki
D	堀俊英	Toshihide Hori
P	数井啓介	Keisuke Kazui
AG	電通北海道	DENTSU HOKKAIDO INC.
ADV	北海道国際航空	Hokkaido International Airlines Co., Ltd.

111.
AIR DO

CD/AD	中島祥文	Shobun Nakashima
CD/C	佐々木宏	Hiroshi Sasaki
D	川津茂	Shigeru Kawatsu
D	堀俊英	Toshihide Hori
P	数井啓介	Keisuke Kazui
AG	電通北海道	DENTSU HOKKAIDO INC.
ADV	北海道国際航空	Hokkaido International Airlines Co., Ltd.

112.～115.
田中屋クリーニング

CD/AD	中島祥文	Shobun Nakashima
CD/C	小林孝悦	Takayoshi Kobayashi
D	小笠原潤	Jun Ogasawara
I	湯村輝彦	Teruhiko Yumura
ADV	田中屋クリーニング	Tanakaya Cleaning

116.～118.
多摩美術大学

AD/D	中島祥文	Shobun Nakashima
C	西村嘉禮	Yoshinari Nishimura
D	小笠原潤	Jun Ogasawara
ADV	多摩美術大学	Tama Art University

119.～121.
多摩美術大学

AD	中島祥文	Shobun Nakashima
D	川辺圭	Kei Kawabe
C	中野円子	Madoko Nakano
ADV	多摩美術大学	Tama Art University

122.～124.
多摩美術大学

AD	中島祥文	Shobun Nakashima
D	東洋介	Yosuke Azuma
C	西村嘉禮	Yoshinari Nishimura
P	十文字美信	Bishin Jumonji
ADV	多摩美術大学	Tama Art University

125. 126.
VIVRE

CD	中島祥文	Shobun Nakashima
CD/C	岡部正泰	Masayasu Okabe
FD/PL	李泰栄	Tae-young Lee
CA	石川三明	Mitsuaki Ishikawa
ADV	ビブレ	VIVRE

127.
VIVRE

CD	中島祥文	Shobun Nakashima
AD/D	タナカノリユキ	Noriyuki Tanaka
CD/C	岡部正泰	Masayasu Okabe
D	山崎彩子	Ayako Yamazaki
P	横須賀功光	Yoshiaki Yokosuka
ADV	ビブレ	VIVRE

128. 129.
VIVRE

CD	中島祥文	Shobun Nakashima
AD/D/I	澤田泰廣	Yasuhiro Sawada
CD	岡部正泰	Masayasu Okabe
ADV	ビブレ	VIVRE

130. 131.
VIVRE

CD	中島祥文	Shobun Nakashima
AD/D/I	澤田泰廣	Yasuhiro Sawada
CD/C	岡部正泰	Masayasu Okabe
P	数永精一	Seiichi Kazunaga
ADV	ビブレ	VIVRE

132. 133.
VIVRE

CD	中島祥文	Shobun Nakashima
AD/D	清水正己	Masami Shimizu
CD/C	岡部正泰	Masayasu Okabe
D	川添貴	Takashi Kawazoe
P	坂田栄一郎	Eiichiro Sakata
ADV	ビブレ	VIVRE

134. 135.
はせがわ

CD	中島祥文	Shobun Nakashima
AD/A	サイトウマコト	Makoto Saito
D	神田みのる	Minoru Kanda
A	現代工房	Gendai Kobo
P	操上和美	Kazumi Kurigami
C	岡部正泰	Masayasu Okabe
AG	YNP	YNP
ADV	はせがわ	Hasegawa Co., Ltd.

136.
Kanebo MORPHÉE

CD/FD/PL	中島祥文	Shobun Nakashima
CD/C	長沢岳夫	Takeo Nagasawa
FD/CA	高崎勝二	Syozi Takasaki
C	田中清美	Kiyomi Tanaka
PR	吉岡貴	Takashi Yoshioka
PR	田村実	Minoru Tamura
PRD	TCJ	TCJ
AG	JMS	JMS
ADV	カネボウ	Kanebo

137.
アドバタイジング・アート史展

CD	中島祥文	Shobun Nakashima
AD	葛西薫	Kaoru Kasai
D	青葉淑美	Yoshimi Aoba
C	清水啓一郎	Keiichiro Shimizu
ADV	東日本鉄道文化財団	East Japan Railway Culture Foundation

138.
アートディレクションの可能性

CD	中島祥文	Shobun Nakashima
AD/D	服部一成	Kazunari Hattori
D	田部井美奈	Mina Tabei
ADV	東京アートディレクターズクラブ	Tokyo Art Directors Club

139.
高校生のためのデザインワークショップ
「自分の高校のシンボルマークをつくろう」

	入山彩音	Ayane Iriyama
	今村望	Nozomi Imamura
	津田活子	Katsuko Tsuda
	加藤遙	Haruka Kato
	古屋拓磨	Takuma Furuya
	瀧瀬彩恵	Ayae Takise

「自分自身のシンボルマークをつくろう」

	高木香奈	Kana Takagi
	佐々木秋枝	Akie Sasaki
	小澤彩織	Saori Ozawa
	宮川知美	Tomomi Miyagawa
	小島康加	Yasuka Kojima
PL/PR	国立新美術館	The National Art Center, Tokyo

140.～143.
もうひとりの山名文夫展

AD/D	中島祥文	Shobun Nakashima
D	小笠原潤	Jun Ogasawara
ADV	ギンザ・グラフィック・ギャラリー	Ginza Graphic Gallery

本書の出版にご協力いただきました。ありがとうございました。
国際羊毛事務局（現AWI）
硝子繊維協会
オンワード樫山
サントリー
ファイブフォックス
伊勢丹
トヨタ自動車
東日本旅客鉄道株式会社
日立製作所
味の素ゼネラルフーヅ
誠文堂新光社
宣伝会議
王子製紙
日本経済新聞社
東日本鉄道文化財団
北海道国際航空（AIR DO）
田中屋クリーニング
多摩美術大学
ビブレ
はせがわ
カネボウ
国立新美術館
電通
博報堂
博報堂プロダクツ
J.W.トンプソン
JR東日本企画
スタンダード通信社
JMS
東北新社
TYO
TCJ
マザース
プロジェクション
アミューズ
Kab
メンズ・アート
クリエイションギャラリーG8
ギンザ・グラフィック・ギャラリー
大日本印刷
凸版印刷
シブヤ
東京コピーライターズクラブ
日本グラフィックデザイナー協会
東京タイプディレクターズクラブ
東京アートディレクターズクラブ

中島祥文（なかしましょうぶん）略歴

ウエーブクリエーション代表
アートディレクター　クリエイティブディレクター
多摩美術大学美術学部グラフィックデザイン学科教授
東京アートディレクターズクラブ会員（'02～'04審査委員長）
JAGDA会員　TDC会員
朝日新聞社広告賞審査員（'92年～）
日本経済新聞社広告賞審査員（'97年～）
読売新聞社広告賞審査員（'96年～'99年）

東京アートディレクターズクラブ最高賞
東京アートディレクターズクラブ会員最高賞
日本経済新聞企業広告最高賞　日経流通新聞最高賞
消費者が選ぶ広告賞グランプリ　ACC賞
日本宣伝賞・山名賞　他

1944年3月名古屋市千種区に生まれる
名古屋市立内山小学校、今池中学校、愛知県立昭和高校を経て
1966年多摩美術大学図案科卒業
スタンダード通信社、デザインオフィス ナークを経て
1971年J.W.トンプソン入社（1979年制作局長）
1981年ウエーブクリエーション設立、現在に至る
2001年より多摩美術大学 教授

主な仕事
日産自動車海外向け広告
資生堂花椿　VANヂャケット
KODAK　パン・アメリカン航空　デ・ビアス
国際羊毛事務局　硝子繊維協会
ジャン・ポール・ゴルチエ　コムサ・デ・モード
サントリーウイスキー エルク
JR東日本ビューカード　日立
伊勢丹　ヴァージンアトランティック航空
トヨタウインダム　ブレーン　AIR DO
マキシム（AGF）　ビブレ　カネボウモルフェ
東日本鉄道文化財団　BMW
ベネッセ　多摩美術大学

アートディレクター／デザイナー
中島祥文
デザイナー
東洋介

編集
西村嘉禮
澤田泰廣
鈴木一男（美術出版社）

編集協力
大城譲司（p.325～p.335）

図版撮影
能津喜代房
中島古英（p.152, p.153, p.343）
上原芳子（p.311）

Thinking Design
24 design ideas by Shobun Nakashima

Writer, Editor
Shobun Nakashima

Art Director & Designer
Shobun Nakashima
Designer
Yosuke Azuma

Editors
Yoshinari Nishimura
Yasuhiro Sawada
Kazuo Suzuki
(Bijutsu Shuppan-Sha Co., Ltd.)

Editorial Assistance
Joji Ohshiro (p.325 ~ p.335)

Photographers
Kiyofusa Nozu
Kohide Nakashima (p.152, p.153, p.343)
Yoshiko Uehara (p.311)

考えるデザイン　中島祥文・24のデザイン発想

著者・編集
中島祥文

2009年5月20日　初版第1刷発行
発行人
大下健太郎

発行所
株式会社 美術出版社
〒101-8417　東京都千代田区
神田神保町2-38稲岡九段ビル
TEL：03-3235-5136
振替00150-9-166700
http://www.bijutsu.co.jp/bss/

印刷・製本
望月印刷株式会社

本文用紙　トリパイン シルク 四六判 110kg
使用書体　モリサワA1明朝　Bodoni antiqua

掲載で、連絡先がわからないため許可申請ができなかった
件があります。関係の方は美術出版社までご連絡ください。

本書の無断転載・複製・引用を禁じます。
©2009 Shobun Nakashima
Bijutsu Shuppan-Sha Co., Ltd.
Printed in Japan ISBN978-4-568-10377-9 C3070

First Edition, First Printing　May 20, 2009
Publisher
Kentaro Oshita

Bijutsu Shuppan-Sha Co.,Ltd.
8F Inaokakudan Bldg.
Kanda Jinbo-cho
Chiyoda-ku Tokyo 101-8417
Tel : 03-3235-5136
http://www.bijutsu.co.jp/bss/

Printer
Mochizuki Printing Co., Ltd.

Paper　Tri Pine Silk / Tri Pine Trading Corp.
Font　Morisawa A1 Mincho　Bodoni antiqua